Leckie✕Leckie
Scotland's leading educational publishers

CfE Higher
FReNCH
SUCCESS GUIDE

CfE Higher FReNCH
SUCCESS GUIDE

Robert Kirk

© 2015 Leckie & Leckie Ltd

001/19062015

10 9 8 7 6 5 4 3 2 1

ISBN 9780007554461

Published by
Leckie & Leckie Ltd
An imprint of HarperCollins*Publishers*
Westerhill Road, Bishopbriggs, Glasgow, G64 2QT
T: 0844 576 8126   F: 0844 576 8131
leckieandleckie@harpercollins.co.uk
www.leckieandleckie.co.uk

Publisher: Fiona Burns
Project managers: Craig Balfour and Keren McGill

Special thanks to
Helen Bleck (copy edit)
Felicity Kendall (proofread)
Jennifer Richards (proofread)
Marie Ollivier-Caudray (proofread)
QBS (layout and illustration)
Ink Tank (cover)

Printed in Italy by Grafica Veneta S.p.A

A CIP Catalogue record for this book is available from the British Library.

Acknowledgements
P93 © Targn Pleiades / Shutterstock.com;
P113 (Cuba) © unmillonedeelefantes / Shutterstock.com;
P118 © Lucas Schifres / Contributor / Getty Images;
P122 © FRED TANNEAU / Stringer / Getty Images;
P124 © utcast85 / Shutterstock.com

All other images © Shutterstock.com

Contents

Contents

The following resources are also available to download, free, from the Leckie and Leckie website. Go to http://www.leckieandleckie.co.uk/higherfrench

Transcripts and audio tracks for all listening exercises

Answers for all exercises

Short essay planning sheet

Irregular verb table

List of French numbers from 1–100

CfE Higher French

Well done for choosing to add CfE Higher French to your now growing list of qualifications! As you know, French is one of the most widely spoken languages in the world and is essential, especially for business, tourism, science and research, as it is spoken on all five continents in 33 different countries. It is also the official language of many international organisations, such as the United Nations, FIFA and the EU, to name but a few! Whatever plans you have for the future, rest assured that knowledge of French will increase your options.

What can CfE Higher French do for you?

The CfE Higher French course has been developed to follow on from the National 5 qualification in order to prepare you for an ever competitive global job market.

The aim of this course is to develop your linguistic skills and cultural awareness through understanding (reading and listening) and using (talking and writing) detailed and complex language through the following contexts, which you will recognise from National 5:

- **Society** (family and friends, lifestyle, media, global languages, citizenship)
- **Learning** (learning in context and education)
- **Employability** (jobs, work and CVs)
- **Culture** (planning a trip, other countries, celebrating a special event, French literature, French film and television)

TOP TIP!

Remember that learning a language is not just about learning grammar and vocabulary – it is also about experiencing the culture. Broaden your horizons, read short stories, magazines and books, listen to francophone music or watch French-language TV online – the possibilities are endless! Don't worry about understanding every word – improving your comprehension and immersing yourself are key to getting the most out of your language learning experience.

What does the course look like?

The following table gives you an overview of the contexts, topics and topic development that you will be exposed to over the course of CfE Higher French. These contexts will be assessed throughout the course in both the internal assessments and the final exam.

Context	Topic	Topic development
Unit 1: Society	Personal relationships	Becoming an adult New family structures Marriage and partnership Gang culture and bullying Social influences and pressures
	Lifestyle	Teenage problems, e.g. alcohol, drugs, smoking
	Media	Impact of the digital age
	Globalisation	Minority languages and their importance/association with culture
	Citizenship	Global citizenship Democracy Politics Power
Unit 2: Learning	Learning in context	Understanding self as a learner, e.g. learning styles/importance of language learning in education
	Education	Advantages/disadvantages of higher or further education Choosing a university/college Lifelong learning
Unit 3: Employability	Jobs	Getting a summer job Planning for future jobs Higher education Gap year Career path Equality in the workplace
	Work and CVs	Preparing for a job interview Importance of language in global contexts Job opportunities
Unit 4: Culture	Planning a trip	Taking a gap year Working abroad (mobility) Travel
	Other cultures	Living in a multicultural society Stereotypes Prejudice and racism
	Celebrating a special event	Social influences on/importance of traditions, customs and beliefs in another country
	Literature of another country	Literature – analysis and evaluation
	Film and media	Studying the media of another culture

In order to help your revision, this Success Guide is divided into five main sections:

- society
- learning
- employability
- culture
- preparing for the exam

This will allow you to organise your revision and help you develop those vital skills to guarantee your success in the assessment of the course.

Each topic is covered by a variety of exercises to support the development of reading, writing, talking and listening skills. The final section will give you additional tips and strategies to help you tackle the final exam. This book should be used with your coursework to help you achieve the best possible grade you can.

Throughout the book there are also Top Tips, grammar summaries and exercises for you to practise common structures and vocabularies, which you should be able to apply in your coursework and assessments.

Answers to all exercises, and audio tracks and transcripts to support listening exercises, are available to download from the Leckie & Leckie website. There is also a handy table of irregular verbs and a list of French numbers from 1 to 100.

Go to www.leckieandleckie.co.uk/higherfrench

Bon courage!

In the exam, be confident in your own ability. If you're not sure how to answer a question, trust your instincts and just give it a go anyway – keep calm and don't panic! BON COURAGE!

TOP TIP!

Remember that at CfE Higher, you are expected to become more responsible for your own learning. If you encounter a new piece of vocabulary then make a note of it and learn it as you go. Little and often is the key to success at CfE Higher French!

What does the assessment look like?

Just like at National 5, there are two different types of assessments: **internal unit assessments** and the **external final exam.** Let's have a look in more detail at what these consist of.

Unit assessments

There are two units for CfE Higher French: **Understanding language** (reading and listening) and **Using language** (talking and writing).

Throughout the course of the year, your teacher will assess you in class in each of the elements: reading, listening, talking and writing. These unit assessments are **pass** and **fail** only – you won't get a grade for them and they don't affect your overall grade.

In order to sit the final exam and get an overall grade for CfE Higher French, you have to pass all four of the unit assessments. These will also show up on your SQA certificate and are worth SCQF and UCAS points.

> **TOP TIP!**
>
> In the unit assessments, there are no marks. It is important that you give as much detail as you can to demonstrate your ability to cope with detailed and complex language. The question may ask you to 'State **at least** two things' – this means there are actually more than two possibilities – try to give all the detail you can. This will increase your chances of passing!

External exam (Added Value Unit)

If you pass all of your unit assessments, you can sit the final SQA exam, which will give you an overall grade for the CfE Higher French course. The course is out of 100 marks and is graded A–D:

A 70% +

B 60–69%

C 50–59%

D Regarded as a near miss. It is not a pass, but you still get some UCAS points for it.

Please note, these grades can change, depending on the exam.

The number of points allocated to each paper is given in the table below.

Assessment	Element	Marks	Total marks
Talking	Presentation	10	30
	Conversation	15	
	Natural spontaneous conversation	5	
Paper 1	Reading	20	40
	Translation	10	
	Directed writing	10	
Paper 2	Listening	20	30
	Short essay	10	
Total			100

All four contexts will be covered in the final exam.

There is no need to panic as the exam at CfE Higher French follows on naturally from the National 5 exam. The CfE Higher exam allows you to demonstrate your ability to understand and use detailed and complex language in French. There are many aspects of the CfE Higher French exam that are similar to the National 5 exam.

> *TOP TIP!*
>
> You can prepare for your talking presentation and control the conversation by giving clues to what you'd like to speak about in your answers. Remember to use gambits, like 'bonne question', 'eh bien', 'ça dépend' to make it sound more natural. A list of these can be found in the **Preparing for assessment** section.

- At National 5, there are three reading texts of 200 words and at CfE Higher there is one text of 600 words, including a translation.
- There is a monologue and a dialogue in the listening – similar to National 5.

The biggest difference between National 5 and CfE Higher is in the writing elements. The level of predictability is lower at CfE Higher and you will have to respond to unseen topics. This means that you will need a good range of vocabulary and grammatical structures to tackle the assessment. Furthermore, the language is more complex and detailed throughout.

Paper 1: Reading/Directed Writing

This part of the exam will consist of two papers: reading/translation and directed writing. You will have **1 hour and 40 minutes** to complete all parts of both papers. These papers are worth **40 marks**, which is **40% of the overall course marks**.

Paper 2: Listening and Writing

You will have **1 hour** to complete both parts of this paper. This paper is worth **30 marks**, which is **30% of the overall course marks**.

Talking

You will have to prepare a short presentation on a topic of your choice and then take part in a follow-up conversation with your teacher. You will also be given marks for your ability to hold a natural conversation. This is worth **30 marks**, which is **30% of the overall course marks**.

What you have to do

Reading and translation

The reading section of this paper will have 30 marks – 20 marks for the text and 10 marks for the translation section.

You will read one French text of around 600 words and answer the questions which follow **in English**. The questions will test your ability to pick out complex and detailed information. Just like in National 5, there will be an **overall purpose question**, but this time you will have to give reasons for your answer **with reference to the text**.

> What is the 'overall purpose' question?
>
> As you are a more advanced learner of French, you will be asked to read between the lines of the text that you have in front of you. Authors always have a message and all texts are produced for a reason and an audience, for example, to amuse, to persuade someone to vote, to raise concerns, to advertise, to give an opinion. Remember, at CfE Higher you will need to refer to the text to justify your answer.

Introduction

Within the reading paper, you will be asked to translate a small section (which will be underlined) into English. This will assess your ability to look closely at the text and produce a coherent translation in English.

You may use a dictionary in this section.

Directed Writing

The directed writing section of this paper will give you two options to choose from. Please note that you only need to answer **ONE** of these questions. You will be given a scenario of a recent visit you have made to a French-speaking country, with four bullet points. **It is important that you address every aspect of each bullet point**.

Remember that you are in control of the writing and can expand on each bullet point the way that you want to. Each bullet point is flexible so that you can demonstrate what you can do.

The text that you have to produce will be written mostly in the past tense and should be around 120–150 words.

You may use a dictionary in this section.

Listening

There are two parts to this section. Firstly, you will hear a monologue (approximately 2 minutes) and then a short dialogue (approximately 3 minutes) in French.

The monologue is worth 8 marks and you will have another overall purpose question to answer.

The dialogue is worth 12 marks and is thematically linked to the monologue.

Writing

The writing in this section will have a topical link to the listening section and will consist of a number of questions in French. It is important that you respond to all the questions. The short essay is an opportunity for you to express your opinions on the topic. You can also add additional information on the topic.

The text that you have to produce can feature different tenses and should be around 120–150 words.

You may use a dictionary in this section.

Talking

The talking section features two parts: a presentation and a conversation. Your French teacher will assess this section and will be able to help you prepare well in advance. It will be recorded for the SQA and marked by your teacher.

The presentation in French will be on a topic of your choice, such as:

- *ma vie chez moi*
- *mes loisirs et mes amis*
- *la région où j'habite*
- *mon lycée et mes prévisions pour l'avenir*
- *mon stage professionnel.*

The presentation should last between 1 ½ and 2 minutes. You may use some notes (not whole sentences or paragraphs) and/or visual support, such as a PowerPoint presentation, a picture, a photograph, an item, etc.

Your teacher will then ask you questions based on your presentation and the general topic on which your presentation is based. Your teacher will ask questions from at least one other context. The discussion should last approximately 5 minutes.

The presentation is worth 10 marks, the conversation 15 marks and there is an additional 5 marks available for your performance in the conversation, if it sounds natural and spontaneous rather than rehearsed.

Unit 1: Society

In this unit we will explore a wide range of topics that look at contemporary society in France and other French-speaking countries. Throughout this unit you will be able to develop your skills in talking, writing, reading and listening. Here is a list of topics that we will cover in this unit.

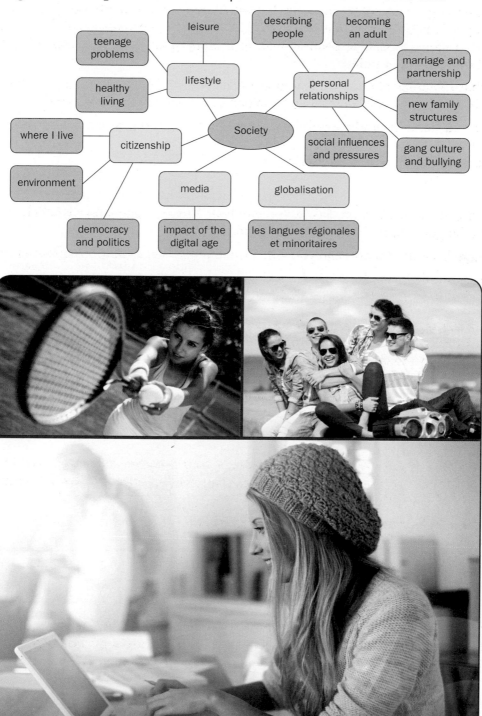

The present tense of regular verbs

The present tense is used in French all the time. You will have learnt this during the N5 course so we will have a quick revision.

The present tense is used for:
- events that occur in the present
- recurring events
- universal truths.

Regular verbs follow a pattern. In French, there are three main groups of verbs: *-er*, *-ir*, and *-re*. If a verb has one of these verb endings, then it is known as the *infinitive*.

An infinitive is the basic form of the verb that we find in the dictionary and needs to be conjugated (i.e. changed to match the person doing the action).

Let's look at an example:

bavarder – to chat

Split the infinitive in two by removing the ending (e.g. the *-er*, *-ir* or *-re*):

bavard⏋er

This will leave you with the stem *bavard–*. You then add the pronouns and the correct endings to the verb.

je bavard**e**	nous bavard**ons**
tu bavard**es**	vous bavard**ez**
il bavard**e**	ils bavard**ent**

Here is a list of the endings for regular verbs.

Pronoun	*-er* verb	*-ir* verb	*-re* verb
je	-e	-is	-s
tu	-es	-is	-s
il/elle/on	-e	-it	-
nous	-ons	-issons	-ons
vous	-ez	-issez	-ez
ils/elles	-ent	-issent	-ent

Exercise 1

Complete the following sentences by conjugating the verb in brackets.

1. *Le week-end, j'_____ (aimer) passer du temps avec mes amis.*
2. *Nous _____ (choisir) d'étudier les langues à la fac.*
3. *Ils _____ (travailler) dans un petit magasin où ils _____ (vendre) des vêtements de marque.*
4. *Tu _____ (descendre) la rue et tu _____ (arriver) à la gare.*
5. *Vous _____ (finir) en dix minutes !*

Answers to all exercises are available to download from the Leckie & Leckie website. Go to www.leckieandleckie.co.uk/higherfrench

Personal relationships

Describing people

Grammaire

The verb *être* (to be)

The verb *être* is an irregular verb which needs to be learned by heart. It is the most common verb in the French language, so well worth knowing.

être – to be	
je **suis**	nous **sommes**
tu **es**	vous **êtes**
il/elle/on **est**	ils/elles **sont**

Exercise 1

Complete the sentences with the correct part of *être*.

1. *Il _____ assez grand et mince.*
2. *Je _____ très petite et j'ai les cheveux blonds.*
3. *Elles _____ de taille moyenne et elles portent des lunettes.*
4. *Nous _____ contents de te voir.*
5. *Vous _____ en retard.*

Personality adjectives

Exercise 2

Below is a list of common adjectives to describe personalities. Decide whether they are positive or negative then copy and complete the table below.

> *sévère   patient   paresseux   casse-pieds   sympa   têtu   timide   généreux*
> *marrant   compréhensif   autoritaire   méchant   sensible   aimable   travailleur*
> *intelligent   sage   vif   sportif   ennuyeux   plein de vie   arrogant*
> *abordable   tolérant   énervant*

Positif	Négatif

Remember that adjectives must agree in gender and number. Most adjectives add an –e for feminine nouns and an –s for plurals. Some adjectives change their endings. Here is a list of common ones:

–eux → **–euse**, e.g. *curieux* → *cur**ieuse***

–eur → **–euse**, e.g. *travailleur* → *travaill**euse***

–if → **–ive**, e.g. *sportif* → *sport**ive***

If the adjective already ends in an –e then you don't add another one for the feminine form, e.g. *populaire, rouge, facile, malade …*

Exercise 3

Translate the following sentences into French.

1. My mum is funny.
2. My dad is strict.
3. My teacher is patient.
4. My best friend is sensitive.
5. My sister is lazy.
6. My brother is really annoying.
7. My nephew is quite naughty.
8. My gran is very generous.
9. My cousins (m) are so arrogant.
10. My parents are approachable.

TOP TIP!

Make your descriptions more interesting by including some intensifiers, e.g.

très – very
assez – quite
trop – too
vraiment – really
tellement – so
un peu – a bit

Listening

Exercise 4

Listen to four students describe people they know. Copy and complete the table.

Audio tracks and transcripts to support all listening exercises are available to download from the Leckie & Leckie website. Go to www.leckieandleckie.co.uk/higherfrench

Nom	Âge	Habite	Personne décrite	Description

Rappel grammatical – la négation

You can also make negative sentences by using these constructions. Remember that the verb goes in between the two parts of the negative.

*ne ... **pas*** – not/don't

*ne ... **plus*** – no longer/not any more

*ne ... **rien*** – nothing

*ne ... **jamais*** – never

*ne ... **que*** – only

*ne ... **ni/ni ... ni*** – neither ... nor

*ne ... **presque jamais*** – hardly (ever)

*ne ... **personne*** – no one

e.g. *Ma mère n'est pas compréhensive.*

My mum is not understanding.

Mes parents ne sont jamais patients.

My parents are never patient.

Writing

Exercise 5

Choose five people and write a description of them.

Remember to include their physical appearance and their personality. Use intensifiers and negatives to make your sentences more advanced. Here is an example.

Ma mère est très petite et assez grosse. Elle a les cheveux mi-longs, bruns et bouclés et les yeux bleus, comme moi. Elle n'est pas trop sévère. En plus, elle est compréhensive et patiente.

Becoming an adult 1

Reading

Read the following text on becoming an adult and answer the questions on the next page.

Le passage à l'âge adulte

Le passage à l'âge adulte est une période difficile non seulement dans la vie d'un adolescent mais aussi pour les adultes. Pendant cette phase, les relations entre parents et enfants deviennent plus délicates et des disputes éclatent souvent parce qu'il est difficile de trouver un équilibre entre liberté et autorité. Mais à partir de quel âge devient-on adulte ?

C'est une question difficile. De nos jours, l'adolescence commence tôt et se termine tard. Aujourd'hui, c'est une étape de la vie, pas seulement un passage comme on le considérait autrefois. Une étape durant laquelle on reste dépendant de la génération qui nous précède alors qu'on a envie de liberté, de plaisir, de premières expériences, de responsabilités d'adultes.

Devenir adulte pour les jeunes signifie la liberté, l'affranchissement de l'autorité parentale, une plus grande liberté d'expression, une autonomie et le choix de faire ce qu'on veut. D'autre part, des tensions apparaissent parce que le jeune doit faire face à la transformation de son corps, aux pressions scolaires et sociales, tout en essayant de s'intégrer. Leurs priorités ne s'accordent pas toujours avec celles de leurs parents.

Selon le psychologue Martin Lebrun, les parents doivent se tenir un peu à l'écart et accepter que leur enfant devienne adulte. « C'est parfois difficile d'avoir un adolescent. D'un côté, les jeunes ont besoin de conseils, même s'ils ne le savent pas. D'un autre côté, il est nécessaire de leur donner de l'espace pour se développer et se débrouiller avec ces nouveaux sentiments et expériences. L'essentiel est de les soutenir en respectant leurs opinions. » La plupart des ados font des bêtises parce qu'ils se sentent mal dans leur peau et disent des choses qu'ils regrettent après mais sans jamais le reconnaître. M. Lebrun croit que cette période de transition est un grand moment pour les jeunes. « <u>C'est plus facile de vivre comme un ours. On doit se rappeler que ce n'est pas parce qu'on a 18 ans qu'on est adulte. On l'est uniquement aux yeux de la loi.</u> »

Continues over page

Questions

1. According to the text, becoming an adult is a difficult period for both young people and their parents. What happens to relationships during this stage?
2. When do we become adults?
3. What happens during this period?
4. What does becoming an adult mean for young people?
5. There are also tensions. Why is this?
6. The psychologist, Martin Lebrun, thinks that parents have to step back. What advice does he give?
7. Many teenagers do silly things. Why is this?
8. Translate the underlined section: *'C'est plus … de la loi.'*

Irregular verbs

Some verbs do not follow the normal pattern and have to be learnt separately.

pouvoir : to be able to/can		*vouloir* : to want (to)		*devoir* : to have to/must	
*je p**eux***	*nous p**ouvons***	*je v**eux***	*nous v**oulons***	*je d**ois***	*nous d**evons***
*tu p**eux***	*vous p**ouvez***	*tu v**eux***	***vous** v**oulez***	*tu d**ois***	*vous d**evez***
*il/elle/on **peut***	*ils/elles **peuvent***	*il/elle/on v**eut***	*ils/elles v**eulent***	*il/elle/on d**oit***	*ils/elles d**oivent***

These three verbs are followed by an infinitive, for example:

Je peux prendre mes propres décisions. – I can make my own decisions.
Elle veut quitter la maison quand elle aura 18 ans. – She wants to leave home when she's 18.
Elles doivent faire leurs devoirs avant de sortir. – They have to do their homework before going out.

TOP TIP!

Try and learn irregular verbs in groups. This will help you remember the ones that conjugate in a similar way. By learning irregular verbs as you go, it will make it much easier for you to recognise them in reading and listening texts, and will ultimately save you time in the exam. Remember, conjugated verb forms are not always found in the dictionary.

Exercise 2

Translate the following sentences into English.

1. *Je peux faire ce que je veux.*
2. *Il doit travailler dur pour réussir ses examens car il veut aller à l'université.*
3. *Pour mon anniversaire, nous voulons aller faire du ski en Suisse.*
4. *Elles doivent repasser tout le linge pour gagner de l'argent de poche.*
5. *Ils peuvent se confier à leurs parents.*

Exercise 3

Translate these sentences into French.

1. I have to do my homework before watching the TV.
2. She can eat what she wants.
3. We want to go to the match on Saturday.
4. You (plural) have to listen to the instructions.
5. They can come here if they want.

TOP TIP!

Try not to confuse **avoir** – to have – with **devoir** – to have to/must.

J'ai deux soeurs aînées. – I have two older sisters.
Je dois m'en aller. – I have to go.

Listening

Exercise 4

Listen to the following people speak about becoming an adult. Answer the questions which follow in English.

1. What is Claude's view of becoming an adult? Mention at least two details.
2. According to Marie, becoming an adult is a long process towards independence. She gives examples of what teenagers do during this time. Mention any two details.
3. Camille is worried about his daughter. Why is this?
4. What does the daughter think?
5. Paul's mum annoys him. Why is he stressed?
6. According to Paul, what does he need?

Becoming an adult 2

Un quart des adolescents et deux adultes sur cinq estiment que l'on devient adulte après vingt ans. Mais il y a beaucoup de moments importants qui ont une influence sur la vie d'un jeune.

Vocabulaire

Les grandes étapes	
quitter le nid	to leave home
l'indépendance financière	financial independence
l'autonomie	independence
avoir des responsabilités	to have responsibilities
ne plus vivre chez ses parents	to no longer live with your parents
avoir un enfant	to have a child
se marier	to get married
prendre ses propres décisions	to make your own decisions
réussir ses examens	to pass your exams
développer son esprit critique	to develop critical thinking
entrer en rébellion contre	to rebel against
prendre des risques	to take risks
être bien dans sa peau	to be comfortable with yourself
être sous pression	to be under pressure
aller à la fac	to go to university
emménager dans son premier appartement	to move into your first flat
acheter sa première voiture	to buy your first car
faire un emprunt	to take out a loan
trouver un emploi	to find a job
être majeur(e)	to be of age
être majeur(e) et vacciné(e)	to be old enough to look after yourself

Les premières fois

Exercise 1

Organise these first experiences into positives and negatives.

- *le premier téléphone portable*
- *le premier baiser*
- *la première cigarette*
- *le premier boulot*
- *le premier chagrin d'amour*
- *la première relation amoureuse*
- *le premier bulletin de vote*
- *la première cuite*
- *les premières vacances sans les parents*
- *le premier joint*

Grammaire

The verb *avoir* (to have)

The verb *avoir* is one of the most important in the French language. It is used all the time and you will already have seen it several times.

***avoir le droit de* + infinitive – to have the right to/to be allowed to**

avoir – to have	
j'**ai**	nous **avons**
tu **as**	vous **avez**
il/elle/on **a**	ils **ont**

Exercise 2

Complete the sentences with the correct part of *avoir* and translate into English.

1. *J'_____ le droit de boire de l'alcool.*
2. *Ils _____ le droit de voter aux élections présidentielles.*
3. *Nous _____ le droit de choisir.*
4. *Vous _____ le droit de dire non.*
5. *Tu _____ le droit de penser par toi-même.*
6. *Avec un passeport, on _____ le droit de voyager.*

Writing

Exercise 3

Using the question below and your own ideas, write a short essay on the following topic. Remember to include an introduction and a conclusion.

Penses-tu que l'adolescence est une période difficile pour les jeunes ? Selon toi, on est adulte à quel âge ? C'est quoi, la majorité, à ton avis ?

Ecris 120–150 mots en français pour exprimer tes idées.

New family structures

Reading

Exercise 1

TOP TIP!

Remember when reading a text to note down useful phrases that you can use or adapt when talking or writing. At Higher level, you are expected to be more independent and make notes.

Les familles modernes

La forme et le rôle de la famille ont beaucoup évolué au cours des cinquante dernières années. Aujourd'hui, les familles deviennent de plus en plus diversifiées car on note une évolution des opinions vers un point de vue moins traditionnel. Les mentalités des gens se modifient avec les changements de la société, par exemple, l'égalité des chances, le mariage homosexuel et l'attitude par rapport au divorce. Quatre jeunes parlent de leurs expériences dans des familles différentes.

Je vis seule avec mon père depuis cinq ans car ma mère est morte lorsque j'avais sept ans. Au début, c'était très difficile pour nous deux. Mon père devait s'occuper de tout, c'est-à-dire des tâches ménagères en allant tous les jours au travail pour gagner sa vie. C'était une période pénible. Ma mère, elle, me manque toujours, mais c'est peut-être pourquoi je me sens si proche de mon père et que l'on a de bons rapports. On passe beaucoup de temps ensemble à faire des randonnées à la campagne ou à aller au ciné. Il me fait rire et on ne se dispute presque jamais. Nous sommes une petite famille, mais une famille proche quand même.

Julie

Mes parents ont divorcé il y a quelques années. J'habite chez ma mère et mon beau-père. Dans l'ensemble, je dirais que je m'entends assez bien avec ma famille, mais comme dans toutes les familles, il y a évidemment des conflits. Mon beau-père a des enfants de son premier mariage, alors j'ai un demi-frère et une demi-soeur qui habitent chez nous aussi. Ma demi-soeur a presque le même âge que moi et nous avons beaucoup de choses en commun. Nous partageons une chambre et je peux lui faire confiance. En revanche, je ne peux plus supporter mon demi-frère – il m'agace car il fouille dans mes affaires et il ment comme un arracheur de dents. Et mes parents prennent parti pour lui. C'est embêtant.

Virginie

Continues over page ➡

Chez moi, il y a cinq personnes, c'est-à-dire mon père, ma mère, mes soeurs jumelles et moi. Moi, je suis le cadet de la famille. On ne s'entend pas très bien. <u>Mes parents me traitent comme un enfant et je n'ai pas le droit de faire ce que je veux. Ils sont plus sévères que les parents de mes amis et il y a souvent des disputes à propos de mes devoirs et des tâches ménagères. Je trouve que ce n'est pas juste – j'en ai marre !</u>

Pierre

J'habite en ville chez ma mère et sa petite amie. Dans l'ensemble, nous nous entendons très bien car elles sont jeunes d'esprit et je peux leur parler de n'importe quoi. Par ailleurs, elles me donnent assez de liberté et elles ont une bonne influence sur moi. D'autre part, il y a des règles à suivre à la maison et j'ai beaucoup de corvées à effectuer, comme sortir les poubelles, passer l'aspirateur et laver les carreaux, par exemple. De temps en temps, j'imagine comment cela serait avec un frère ou une soeur car j'aurais certainement moins de corvées et plus de moments de partage.

Sébastien

Read the text about modern families. Which of the following types of family best describes each person?

famille monoparentale   *famille homoparentale*   *famille nucléaire*   *famille recomposée*

Exercise 2

Find the French for the following expressions:

1. more and more
2. society
3. for five years
4. when I was seven
5. to take care of
6. we hardly argue
7. I get on quite well with
8. twin sisters
9. my parents take his side
10. the youngest in the family

Exercise 3

Read the text carefully and answer the questions in English.

1. According to the text, the role and structure of families have changed over the past 50 years. Why is this? Give any three details.
2. Julie's life changed when she was seven.
   a. What event changed her family's life?
   b. In what way did this affect her relationship with her dad? State any three things.

3. Virginie's mother has remarried. What is her relationship like with …
   a. … her stepsister? State any **two** things.
   b. … her stepbrother? State any **one** thing.
4. a. Why does Sébastien get on so well with his mum?
   b. What responsibilities does he have at home?
   c. Why would he like a brother or sister?
5. Translate the underlined section: *'Mes parents me … j'en ai marre!'*

Grammaire

Reflexive verbs

Reflexive verbs take one of the following **reflexive pronouns** as part of their conjugation:

me	nous
te	vous
se	se

Reflexive verbs …
- are verbs where you do something to yourself, e.g. **Je me lave** – *I wash myself*
- are used for actions people do to each other or feelings they have about each other, e.g. **Ils se détestent** – *They hate each other*
- sometimes do not have an equivalent in English, e.g. **Je me souviens** – *I remember*

A **reflexive pronoun** can change the meaning of a verb completely. The verb **entendre** means *to hear*, but if you add a reflexive pronoun it becomes **s'entendre (avec)** – *to get on (with)*.

je **m'**entends	nous **nous** entendons
tu **t'**entends	vous **vous** entendez
il **s'**entend	ils **s'**entendent

Remember, if the verb starts with a vowel, the –e of the reflexive pronoun will change to an apostrophe. Compare: *je **me** repose* and *je **m'**appelle*.

Exercise 4

Complete the sentence with the correct reflexive pronoun.

1. *Je _____ entends très bien avec mes copains.*
2. *Elle _____ brosse les dents.*
3. *Vous _____ disputez souvent.*
4. *Elles _____ chamaillent tout le temps.*
5. *Nous _____ fâchons quand il est en retard.*
6. *Tu _____ amuses en jouant au foot.*
7. *Il _____ moque toujours de moi.*

GOT IT? ☐ ☑ ☐

Listening

Listen to Virginie and Fabien talk about their family life and answer the following questions in English.

Virginie

1. Virginie tells us that she gets on well with her mum. Why is this?
2. She goes on to tell us that they sometimes argue. What do they argue about?
3. What event made them become closer?
4. Why is it sometimes difficult for her mum?
5. What does Virginie do to help?
6. What does she like the most about her relationship with her mum?
7. Why does she think that she's lucky?

Fabien

1. Who does Fabien live with?
2. Why is his mum hardly ever home?
3. In what way does he help his dad at home?
4. Why do they argue so much?
5. What does he say about the relationship with his mum?
6. What are his plans for next year?
7. In what way could this help the relationship with his dad?

Talking

Prepare a short presentation on your own family or invent a new one. Try to include the following information:

- how many people are in your family
- how well you get on with them
- who you look like
- what you have in common
- what you like about them
- what you argue about

Why not also use pictures or present it using PowerPoint or Prezi?

Writing

Using the question below and your own ideas, write a short essay on the following topic. Remember to include an introduction and a conclusion.

Dans quel type de famille vis-tu ? Est-ce que tu t'entends bien avec ta famille ? Il y a souvent des disputes ?

Ecris 120–150 mots en français pour exprimer tes idées.

TOP TIP!

Try to link sentences with phrases to make your essay flow better.
Here are some common ones to help you:
d'une part – on the one hand
d'autre part – on the other hand
cependant – however
en plus – furthermore
en général – in general

Marriage and partnership

Reading

Read the following text about marriage in France then answer the questions which follow.

Le mariage en France

Depuis la nuit des temps, les êtres humains se sont unis. Le mariage, une institution qui permet à deux personnes de s'unir pour vivre ensemble et fonder une famille, est une longue tradition en France. Aujourd'hui, elle est en train d'évoluer. Jusqu'à la Révolution française, seul le mariage religieux était reconnu, mais après le renversement de la monarchie, le mariage civil est devenu la seule façon valable de s'unir aux yeux de la loi. C'est pourquoi les couples qui veulent se marier se présentent à la mairie pour prononcer leurs voeux. Certains aiment aussi organiser une cérémonie religieuse, mais cela n'est pas obligatoire.

Aujourd'hui, il existe différents modes d'union. Récemment, la France est devenue un des premiers pays au monde à reconnaître le mariage homosexuel, offrant les mêmes droits aux couples de même sexe, ce qui est une étape importante vers l'égalité des chances. En outre, au lieu de se marier, les couples peuvent décider de se pacser, une alternative au mariage qui leur offre des avantages souvent proches de ceux du mariage avec des formalités simplifiées, par exemple mettre les biens du couple pacsé en commun, obtenir des avantages financiers et permettre de léguer un héritage à son compagnon ou sa compagne.

Questions

1. Marriage has a long tradition in France. According to the text, what is the definition of marriage?
2. What event led to civil marriage being the only form recognised by law?
3. What can couples also choose to do?
4. What has happened in France recently?
5. What is this an important step towards?
6. Couples can enter into a civil partnership instead of getting married. Why do some couples choose to do this?

Vocabulaire

Français	Anglais
célibataire	single
être amoureux (amoureuse)	to be in love
l'amour	love
le grand amour	true love
la demande en mariage	proposal
les fiançailles	engagement
le fiancé/la fiancée	fiancé/fiancée
le maire	mayor
la mairie	town hall
se marier	to get married
le mariage	marriage
la cérémonie	ceremony
le mari/la femme	husband/wife
s'épouser	to get married
l'époux/l'épouse	spouse (husband/wife)
être pacsé(e)	to be in a civil partnership
le PACS	civil partnership
le/la partenaire	partner
les noces	wedding
la lune de miel or le voyage de noces	honeymoon
fidèle	faithful
la fidélité	fidelity
tromper	to cheat
se séparer	to separate
la séparation	separation
le divorce	divorce
divorcer	to divorce
être reconnu	to be recognised

Listening

Exercise 2

Listen to the following texts on partnership and answer the questions in English.

1. The number of young people getting married is decreasing. What is happening to the divorce rate?

Amélie

2. How long has Amélie been married?
3. Why was her marriage difficult at the beginning?
4. Why does she think it is important to get married?

Pierre

5. Pierre has just married his partner. What was the ceremony like?
6. What is his opinion of marriage?
7. What do they plan to do next year?

Claire

8. Claire has been single for years. Why is she happy about this?
9. According to Claire, being single is a choice. What does this allow her to do?

GOT IT? ☑ ☐ ☐

10. What does she think about marriage?

Constantin

11. When did Constantin meet his ex-wife?
12. When did they get married?
13. Why did they get divorced?
14. In what way have his feelings changed about the divorce?

Grammaire

The verb *venir* (to come)

venir – to come	
je **viens**	*nous* **venons**
tu **viens**	*vous* **venez**
il/elle/on **vient**	*ils/elles* **viennent**

Similar verbs : **tenir** – to hold, **devenir** – to become, **prévenir** – to warn, **se souvenir de** – to remember.
Special usage: **venir de** + infinitive = to have just done something.
Je viens de me marier – I have just got married.
Nous venons de la voir – We have just seen her.

Exercise 3

Complete the sentences with the correct part of the verb in brackets and translate into English.

1. *Je _____ (venir) de Paris qui se trouve dans le nord de la France.*
2. *Elle _____ (devenir) de plus en plus jalouse de sa soeur.*
3. *Nous _____ (se souvenir) de la route.*
4. *Ils _____ (venir) d'arriver à l'hôtel.*
5. *Nous _____ (venir) d'annoncer la naissance de notre fils.*

Exercise 4

Translate into French.

1. She comes from Brussels in Belgium.
2. I remember his name.
3. We have just bought a house.
4. They have just got married.
5. You (fam.) have just sat an important exam.

Writing

Exercise 5

Que penses-tu du mariage ? Est-ce que tu as l'intention de te marier un jour ? Le mariage est-il toujours important dans la vie moderne ?

Ecris 120–150 mots en français pour exprimer tes idées.

Gang culture and bullying

Reading

Read the following text about gangs and answer the questions which follow in English.

Les gangs de rue

Selon les dernières statistiques gouvernementales, de plus en plus de jeunes deviennent membres de gangs de rue, surtout dans les banlieues. Dans un quartier de Toulouse traîne une bande de jeunes dans un parc vers vingt-trois heures. Ils portent tous un sweat bleu et on ne voit pas leurs visages à cause des capuches. Ils rigolent et on entend le tintement de verre qui se fracasse au sol. D'un coup, une poubelle est engloutie par les flammes et ils s'en vont en courant.

Selon Martin Ernoult, agent de police à Toulouse, il y a de nombreuses raisons pour lesquelles les jeunes rejoignent un tel gang, par exemple, certains d'entre eux grandissent dans un quartier dans lequel il y a déjà des gangs et c'est une façon de vivre; d'autres sont vulnérables. Ils recherchent l'amitié et ont envie de s'intégrer. Généralement, il s'agit de jeunes qui ont des problèmes : ils échouent à l'école, ils ont des difficultés à la maison, ou ils s'ennuient car il n'y a rien à faire pour les jèunes dans le quartier.

Pour appartenir à un gang, il faut prouver son dévouement en commettant un crime qui montre son attachement vis-à-vis du gang. Ces jeunes commencent à consommer de l'alcool et de la drogue, et pour financer leur consommation, ils volent à l'étalage puis finissent par vendre de la drogue ou des objets volés afin de gagner rapidement de l'argent.

Mais ce dont ils ne se rendent pas compte, c'est que les risques sont élevés : un casier judiciaire peut empêcher de trouver un emploi plus tard, ou on peut être blessé ou même tué par des bandes rivales. <u>En plus, si l'on fait partie de la « famille », c'est difficile de la quitter car les autres membres du gang sont des camarades d'école et ils fréquentent les mêmes endroits. On n'a pas le droit de tourner le dos au gang</u>.

D'après Valérie Dupont, directrice d'un collège toulousain, il est essentiel que les parents restent vigilants en ce qui concerne leurs enfants. « Si on remarque un changement dans leur personnalité, ou qu'ils rentrent tard le soir et deviennent plus secrets, il faut en discuter avec eux. Les parents doivent prêter attention à leurs enfants et leur accorder du temps en s'intéressant à leurs loisirs et en leur donnant une alternative aux gangs. »

Questions

1. What do the latest government statistics show?
2. The writer sees a group of youths in a park late at night. What does he witness?
3. The police officer, Martin Ernoult, offers a number of reasons why young people join gangs. What are these reasons?

TOP TIP!

Remember to read the questions before tackling a reading passage, as this will give you the structure of the text. All information will come in the order of the questions, so listen for signal words.

4. Why do you need to carry out a test to be part of a gang?
5. Many young people joining gangs do not realise the risks. What risks does the text mention?
6. Valérie Dupont advises parents to be vigilant. What clues does she ask parents to look out for?
7. What advice does she offer parents?
8. Translate the underlined section into English: « *En plus … le dos au gang.* »

Vocabulaire

Français	Anglais
traîner	to hang around
porter un uniforme	to wear a uniform
avoir l'air menaçant	to look intimidating
un sweat à capuche	a hoodie
appartenir à	to belong to
consommer de la drogue	to take drugs
boire de l'alcool	to drink alcohol
menacer	to threaten
le gang	gang
la fierté	pride
se sentir valorisé	to feel valued
la violence	violence
voler	to steal
être arrêté	to be arrested
une bande rivale	a rival gang
le respect	respect
manquer l'école/sécher les cours	to skip school
les actes antisociaux	antisocial activities
la peur	fear
l'intimidation	intimidation
rechercher la protection	to look for protection

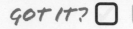

Grammaire

The present participle

The present participle is used in French to show that two things are being done at the same time.

Ils gagnent de l'argent en vendant des objets volés. They earn money by selling stolen goods.

Il menace les voisins en faisant des gestes. He threatens the neighbours by making gestures.

The present participle is formed using the *nous* form of a present tense verb. Remove the *–ons* and add *–ant*. The preposition **en** usually comes before it.

nous travaillons	*en travaillant*
nous finissons	*en finissant*

<u>Irregular forms</u>

avoir: *en ayant*   **être**: *en étant*   **savoir**: *en sachant*

Exercise 2

Write sentences to show two things being done at the same time.

1. *il/lire/écouter de la musique*
2. *je/traîner dans la rue/commettre des actes antisociaux*
3. *elles/gagner de l'argent/voler des portefeuilles*
4. *nous/se soûler/boire de l'alcool*
5. *vous/pouvoir aider les jeunes/les écouter*

Listening

> **TOP TIP!**
>
> Remember to pace yourself when learning new vocabulary. It is recommended that you learn new words and phrases little and often. It is more effective to learn 7–10 pieces of vocabulary every night than trying to cram in 100 words in one night.

Exercise 3

Listen to Marc, who used to be in a gang. Answer the questions which follow in English.

1. Where does Marc live?
2. What age was he when he joined a gang?
3. What was his life like back then?
4. What was his relationship with his family like?
5. What happened one night?
6. What was he dared to do?
7. What did he feel after he did it?
8. Marc continued to hang around with the group. What did he do?
9. What happened when they were in the shop?
10. What was the reaction of his parents?

Writing

Exercise 4

Y a-t-il des gangs à l'endroit où tu habites ? Pourquoi les jeunes deviennent-ils membres d'un gang de rue ? Quelles sont les caractéristiques d'un gang ?

Ecris 120–150 mots en français pour exprimer tes idées.

Social influences and pressures

Reading

Read the following text about peer pressure and answer the questions which follow in English.

L'influence des amis

Les amis jouent un rôle majeur dans le développement émotionnel et social des adolescents. Il est important, sain et naturel que les jeunes aient des amis et puissent compter sur eux tout au long de leur évolution vers l'âge adulte.

Les amis peuvent être positifs et d'un grand soutien pendant cette période difficile de la vie. Ils peuvent vous aider à développer de nouvelles capacités ou susciter un intérêt pour les livres, la musique ou les activités parascolaires.

Cependant, les amis peuvent aussi exercer une mauvaise influence. Ils peuvent vous encourager à sécher les cours, à voler, à tricher, à consommer des drogues ou de l'alcool.

Les jeunes cèdent à la pression car ils veulent s'intégrer. Ils veulent être aimés et ils se font du souci car ils ne veulent pas être exclus ni que leurs amis se moquent d'eux s'ils ne font pas comme les autres.

La psychologue Anna Leroy donne quelques conseils aux jeunes pour éviter de faire des bêtises. « Tout d'abord, il faut prendre tes distances par rapport aux amis qui t'incitent à commettre des actes qui te semblent dangereux et mauvais. Tu dois apprendre à dire 'non' et essayer de te sortir des situations dans lesquelles tu te sens mal à l'aise ou pas en sécurité. Par ailleurs, il faut que tu passes du temps avec d'autres jeunes qui résistent à la pression. C'est toujours plus facile de dire non quand on est deux. Sinon, si tu as des problèmes avec tes amis, il faut en parler à un adulte en qui tu as confiance, par exemple un parent ou un prof. »

Les parents ont aussi la responsabilité de protéger leurs enfants. « Premièrement, encouragez la communication ouverte et sincère pour que vos enfants sachent qu'ils peuvent vous parler. Deuxièmement, enseignez à vos enfants l'assurance et enfin aidez-les à développer leur confiance en eux. Les jeunes qui se sentent bien dans leur peau sont moins sensibles à la pression. »

Questions

1. Friends play an important role in the lives of young people. Why is it important to have friends?
2. Friends can have a positive influence on young people. What can they help do?
3. They can also have a negative influence. What type of activities can they encourage other young people to do?
4. Why do young people succumb to the pressure?
5. The psychologist, Anne Leroy, provides some tips for young people facing peer pressure. What does she advise?
6. Parents also have a responsibility to protect their children. What can they do?
7. What is her final statement?

TOP TIP!

Remember to note down any phrases that you lift from texts and bank them. You can adapt and recycle them in your own work. That is how we learn languages as children!

Grammaire

The conditional mood

The conditional mood is used to explain what would happen, and for events which may or may not happen.
The conditional is formed by adding the following endings to the infinitive:

–ais	–ions
–ais	–iez
–ait	–aient

For –re verbs, you drop the final –e before adding the endings.

J'aimerais aller à la fête. – I would like to go to the party.
Si tu le laissais tranquille, il finirait ses devoirs. – If you left him alone, he'd finish his homework.
Nous vendrions la maison à un bon prix. – We would sell the house for a good price.

Like all tenses, there are exceptions. A number of common verbs have irregular stems.

Exercise 2

Match the irregular conditional verb stems with the correct infinitive.

1. *voudr-*
2. *fer-*
3. *aur-*
4. *ser-*
5. *ir-*
6. *pourr-*
7. *devr-*
8. *saur-*
9. *verr-*
10. *viendr-*

a. *savoir*
b. *être*
c. *aller*
d. *venir*
e. *devoir*
f. *vouloir*
g. *voir*
h. *avoir*
i. *faire*
j. *pouvoir*

Exercise 3

Quelles sont les qualités d'un bon ami/d'une bonne amie ?

Change these present tense sentences into the conditional and then translate into English. You can also write some of your own.

1. *Il ne me **critique** jamais.*
2. *Elle me **comprend**.*
3. *Je **peux** me confier à elle.*
4. *Il me **donne** de bons conseils.*
5. *Nous **sommes** toujours ensemble.*

Listening

Exercise 4

Listen to Claire speak about her best friend and answer the following questions.

1. How long has she known her best friend?
2. How did they used to get on?
3. What has changed recently?
4. What did Claire do as a result of this?
5. What reasons did Claire's mum give for her friend's behaviour?
6. What advice did she get?

Lifestyle

Leisure

Exercise 1

Translate the following sentences into French.

1. I play football in the park with my friends twice a week.
2. He goes swimming at the pool with his sister in the morning.
3. We go horse-riding together at the weekend.
4. They like to play tennis with the teachers after school.
5. Do you like to go to the ice rink?

TOP TIP!

Remember that with sports and hobbies, you need to use the following constructions:
jouer à (au, à la, à l', aux) + sport/game
jouer de (du, de la, de l', des) + instrument
faire de (du, de la, de l', des) + hobby

Vocabulaire

Français	Anglais
les sports nautiques	water sports
faire de la voile	to go sailing
faire de la planche à voile	to go windsurfing
faire des excursions	to go on excursions
la plongée	diving
une randonnée (à vélo/à cheval)	a hike (cycle/horse ride)
les sports d'équipe	team sports
chanter dans une chorale	to sing in a choir
affirmer sa confiance en soi	to get more self-confidence
les jeux de société	board games
nager	to swim
la lecture	reading
s'entraîner	to train
faire la grasse matinée	to have a lie in

Listening

Listen to the following young people and answer the questions in English.

Emma

1. What does Emma usually like to do at the weekend?
2. Where did she go last weekend?
3. What activities did she do during the day?
4. What happened at night?
5. What did she think of it?

Paul

6. What does Paul do in his spare time?
7. He says the training is tough. What else does he say about it?
8. He says it is important to keep fit. What must he avoid?
9. Why does he like spending time in the pool?
10. What does he do to relax?
11. What did he do for the first time three weeks ago?
12. Why did he like it?
13. What is happening next week?

Writing

Est-ce que tu es sportif ? Qu'est-ce que tu aimes faire pendant ton temps libre ? Est-ce qu'il y a assez de possibilités de faire du sport là où tu habites ?

Ecris 120–150 mots en français pour exprimer tes idées.

TOP TIP!

Remember that you cannot translate *Est-ce que* … It introduces a yes/no question.

Healthy living

Garder la forme est une activité essentielle pour les Français et qui fait partie de leur culture. Selon une étude récente, la France est le pays le plus sain au monde. Les citoyens français aiment faire du sport (à l'extérieur) et manger sainement. En menant une vie active, on évite l'obésité et les problèmes liés à celle-ci.

Vocabulaire

Français	Anglais
se maintenir en forme	to keep fit
rester en forme	to keep fit
garder la forme	to stay in shape
avoir la pêche	to feel great, dynamic
mener une vie saine/active	to lead a healthy/active life
faire du sport	to do sport
faire de l'exercice	to do exercise
boire de l'eau	to drink water
contrôler son stress	to control stress
être en bonne santé	to be in good health
prendre/perdre du poids	to gain/lose weight
la santé	health
grignoter	to snack
consommer	to consume
les matières grasses	fatty foods
les sucreries	sweet things

Reading

Find the French for the following expressions in
the extract below.

1. 'to keep repeating'
2. 'they only listen'
3. 'fast food'
4. 'junk food'
5. 'a very sad statistic'
6. 'temptations'

*De nos jours, les jeunes sont soumis à beaucoup de dangers qui mettent leur santé en péril.
On a beau leur rabâcher qu'il est très important de rester en bonne santé, ils n'écoutent
que très peu leurs aînés. Penchons-nous sur les facteurs aggravants.*

*D'abord, il y a la mauvaise alimentation avec la restauration rapide et la publicité pour les
produits gras à la télévision. McDonald, Quick et autres fast-foods restent la solution de
facilité pour manger rapidement à l'heure du déjeuner et malheureusement cela influe sur
la santé. En France, le retour de Burger King après des années d'absence montre que la
malbouffe suscite toujours l'intérêt des consommateurs.*

*Par ailleurs, la télévision, Internet et les jeux vidéo n'aident pas les jeunes à adopter un
mode de vie actif.*

*Ensuite, il y a les drogues comme la cigarette et l'alcool. Et puis, si l'on va plus loin, il y a
les drogues dures. Tout cela nuit gravement à la santé des jeunes. Les sondages montrent
que plus d'un jeune sur cinq a déjà consommé du cannabis à l'âge de 15 ans et que 62%
des 15–18 ans consomment des boissons alcoolisées durant le week-end. Autre statistique
bien triste : celle de la consommation de drogues dures comme la cocaïne qui, dans
les grandes villes européennes, est souvent aussi consommée que le cannabis. Selon le
docteur R. Roussel, le plus grand danger pour la santé des jeunes reste les drogues, «
surtout celles qui mènent à l'addiction. Mais je crois que les drogues douces sont plus
courantes, et fort heureusement », nous dit-il.*

*Les conseils du médecin sont de pratiquer au minimum deux heures de gymnastique par
semaine – mais selon lui, cela semble plus difficile pour les adolescents et surtout pour les
jeunes filles, qui subissent des variations
hormonales durant leur adolescence.*

*Il faut éviter la nourriture grasse sans
nécessairement faire de régime, car
si celui-ci est mal encadré, d'autres
complications peuvent advenir. En ce
qui concerne les drogues et l'alcool, une
seule solution : s'abstenir.*

*Pour conclure, même si les jeunes sont
soumis à de nombreuses tentations,
l'important est de ne pas se laisser
influencer par les autres.*

Continues over page

Exercise 2

Answer the following questions in English.

1. Young people are eating more unhealthily. What are the reasons for this?
2. Why is the return of Burger King significant?
3. What does the writer say about TV, internet and computer games?
4. What statistic does the writer use for cannabis?
5. What does the writer say about 62% of 15–18 year olds?
6. The use of hard drugs is on the increase. What does the writer say about their consumption?
7. The biggest danger for young people remains drugs. What does Doctor Roussel say about this?
8. What recommendation does Doctor Roussel give?
9. Why could this be difficult?
10. What is the writer's conclusion?
11. Is the writer more positive or negative about young people's health nowadays? Give a reason for your answer with reference to the text.

Exercise 3

Translate the underlined section into English.

Writing

Exercise 4

Est-ce que tu mènes une vie active ? Est-ce que tu manges sainement ? L'alcool est-il un problème parmi tes amis ?

Ecris 120–150 mots en français pour exprimer tes idées.

La dépendance

Vocabulaire

Français	Anglais
la cigarette	cigarette
le tabagisme passif	passive smoking
fumer	to smoke
boire de l'alcool	to drink alcohol
être ivre/soûl	to be drunk
se droguer	to take drugs
se sentir plus adulte	to feel grown up
la curiosité	curiosity
s'opposer aux parents	to defy your parents
se détendre	to relax
être moins stressé	to be less stressed
devenir dépendant à	to become dependent on
être accro à	to be addicted to
un risque	a risk
une crise cardiaque	a heart attack
une maladie pulmonaire	lung disease
le cancer	cancer
tuer	to kill
le jaunissement des doigts	yellowing of your fingers
l'odeur de tabac sur les vêtements	the smell of tobacco on your clothes
un gaspillage d'argent	a waste of money
interdire	to forbid
mauvais pour la santé	bad for your health
être nuisible à	to be dangerous to
des publicités anti-tabac	anti-tobacco adverts

Listening

Listen to the following young people and complete the table.

Nom	Drogue	Pour ou contre	Pourquoi ?

TOP TIP!

Remember that when using your dictionary, the same word may have many meanings. Make sure you choose the one that fits the context.

Grammaire

The imperative

The imperative is used to give instructions or to make suggestions.

Ecoutez-moi – Listen to me
Fais tes devoirs avant de sortir – Do your homework before going out
Regardons un film ce soir – Let's watch a film tonight

Formation
Use the *tu*, *nous* or *vous* form of the verb and drop the pronoun.

boire (to drink)	*tu bois*	*bois*
manger (to eat)	*nous mangeons*	*mangeons*
regarder (to watch)	*vous regardez*	*regardez*

Note: for –er verbs, you need to drop the –s in the *tu* form.

sauter (to jump)	*tu sautes*	*saute*

Exceptions
 avoir: *aie, ayons, ayez*
 être: *sois, soyons, soyez*
 savoir: *sache, sachons, sachez*

Exercise 2

Translate into French:

1. *(tu)* Listen carefully to the instructions.
2. *(vous)* Be attentive.
3. *(nous)* Let's look at the board.
4. *(tu)* Stop smoking.
5. *(vous)* Eat more fruit and veg.

Writing

Exercise 3

Design an information leaflet campaigning against smoking, drugs or alcohol.

You should include the following:
- a title
- facts containing statistics
- advice (using the imperative)

Translation

Exercise 4

Translate what the following people say about dependency.

pas

1. *Comme tout le monde, j'ai déjà essayé de fumer une cigarette, mais ça ne m'a plu. Après, mes vêtements et mes cheveux puaient. J'ai été tellement surpris du prix d'un paquet de cigarettes – quel gaspillage d'argent ! Pour moi, ça n'en valait pas la peine, mais j'ai des amis qui croient que fumer les aide à se détendre.*

2. *Dans une soirée, c'est normal de boire un peu d'alcool. On peut acheter des canettes ou des bouteilles dans un magasin du coin. Tous mes amis boivent aussi, mais il y en a certains qui, quand ils ont trop bu, n'en ont pas conscience. Ils le font pour impressionner les autres. C'est gênant quand ils se mettent à vomir partout en se fichant des autres. Selon moi, il faut consommer de l'alcool avec modération. Cela aide à se détendre et à oublier ses problèmes.*

3. *Il y a quelques semaines, je suis allé traîner dans un parc avec mes amis. Un garçon s'est procuré du cannabis, il a roulé un joint et nous l'a offert. Moi, j'ai eu peur et je l'ai refusé. On peut devenir accro, et que fait-on si on ne peut pas s'arrêter ? Je crois que les drogues sont dangereuses. Et il y a toujours des jeunes qui meurent à cause d'une réaction à une drogue. Les drogues – non merci !*

Writing

Exercise 5

Est-ce que tu as déjà essayé de fumer ou de boire de l'alcool ? Pourquoi les jeunes fument-ils ou boivent-ils de l'alcool ? Quels sont les risques ?

Ecris 120–150 mots en français pour exprimer tes idées.

Media

Impact of the digital age

En France, comme en Écosse, les médias jouent un rôle important dans la vie quotidienne. Les Français lisent des journaux, regardent la télé, écoutent la radio et surfent sur Internet.

Exercise 1

Create a mind map on the topic of media. You can expand the one below with your own ideas.

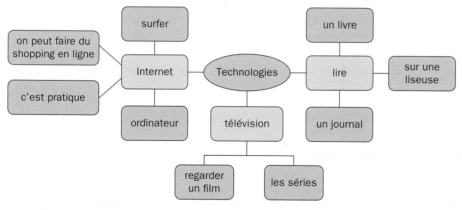

TOP TIP!

By using mind maps to help you visualise your vocabulary, you are more likely to be able to remember words and phrases. You can also include pictures.

Exercise 2

Sort the following media vocabulary into the table on the next page. Some answers can fit in more than one column.

le réseau social	le chargeur et la batterie	papoter avec des amis
faire des photos	envoyer un texto	télécharger des applis
le forfait prépayé	chatter	surfer
allumer	le navigateur	la télécommande
éteindre	le sans-fil	zapper
télécharger une sonnerie	le site web	faire du shopping
les écouteurs	regarder un film	

Le portable	La télévision	Internet

Listening

Listen to Julien and Céline speak about new technologies. Note the phrase ***être accro à*** – to be addicted to.

Julien

1. What does Julien use his mobile phone for?
2. How much time does Julien spend on his phone?

Céline

3. What does Céline think about the impact of mobile phones over the past ten years?
4. What are the advantages of using a mobile phone?
5. And the disadvantages?

Writing

Pour quelles raisons utilises-tu Internet ? Surfes-tu sur Internet, sur ton portable ou sur ton ordinateur ? As-tu créé ton profil sur un réseau social ?

Ecris 120–150 mots en français pour exprimer tes idées.

Globalisation

Les langues régionales et minoritaires

Vocabulaire

Français	Anglais
bilingue	bilingual
multilingue	multilingual
une langue régionale	a regional language
une langue minoritaire	a minority language
une langue étrangère	a foreign language
une langue maternelle	mother tongue/native language
un dialecte	dialect
un accent	accent
parler couramment une langue	to speak a language fluently
je parle deux langues étrangères couramment	I speak two foreign languages fluently
le … est ma langue maternelle	I speak … as my mother tongue
j'apprends le français au lycée	I'm learning French at school
je comprends un peu l'allemand	I understand a bit of German
je voudrais apprendre le chinois	I would like to learn Chinese

Talking/writing

Exercise 1

Answer the following questions in French.

- *Quelle est ta langue maternelle ?*
- *Tu parles une langue étrangère ?*
- *Depuis combien de temps l'apprends-tu ?*
- *Quelle est ta langue préférée ?*
- *Pourquoi ?*
- *Quelles langues voudrais-tu apprendre à l'avenir ?*
- *Est-ce que tu crois que c'est important d'apprendre une langue ?*

TOP TIP!

When answering questions you should try to use as much of the question as possible to make your sentences much longer. Remember to change the **ton**, **ta**, **tes** to **mon**, **ma**, **mes**!

Exercise 2

Organise the following phrases into order, starting with which you think is most important.

Parler une langue régionale …
Speaking a regional language …

- … **améliore les compétences linguistiques et interculturelles**
- … improves linguistic and intercultural skills
- … **aide à développer le respect du patrimoine culturel**
- … helps to develop respect for cultural heritage
- … **renforce le sentiment d'appartenance**
- … creates a sense of belonging

... *améliore l'aptitude à la communication*
... helps improve communication skills
... *encourage une société à être plus tolérante*
... encourages society to be more tolerant
... *protège la culture régionale, son histoire et ses traditions*
... protects regional culture, history and traditions
... *représente l'identité et les coutumes*
... represents identity and customs

Reading

Exercise 3

Read the text and answer the questions which follow.

> _Les langues reflètent l'histoire et les traditions communes d'un peuple. Chaque pays a au moins une langue officielle, ainsi que des dialectes et des langues régionales. Mais partout dans le monde, les langues régionales et minoritaires sont en voie de disparition à cause de la mondialisation._ Dans l'Union européenne, quasiment 46 millions de citoyens parlent une langue régionale ou minoritaire.
>
> Mais beaucoup de ces langues régionales ont déjà disparu. C'est pourquoi tous les gouvernements nationaux européens sont en train de ratifier une charte qui vise à ralentir le déclin de ces langues régionales en protégeant et promouvant leur utilisation dans l'enseignement, les médias ou les services administratifs. En France, c'est plus difficile car il faut modifier la Constitution et c'est un long processus. La langue de la République est le français depuis 1539 et il s'est avéré difficile d'en imposer une autre, même régionale, depuis cette date.

Questions

1. Translate the underlined section into English.
2. Why is the figure 46 mentioned?
3. What are European governments doing to combat the decline of minority languages?
4. In which three sectors are these languages being promoted?
5. Why has this been more difficult in France?

Listening

Exercise 4

Listen to Céline talk about growing up speaking a minority language.

1. Where does Céline come from and how long has she lived there?
2. How many languages does she speak?
3. What does she speak at home?
4. Why was her primary education so special?
5. Why was learning a minority language important for her?
6. What is she planning to do in the future?

Writing

Exercise 5

Est-ce que tu parles une autre langue ? Quels sont les avantages de parler une langue étrangère ? Y a-t-il des langues régionales dans ton pays ?

Ecris 120–150 mots en français pour exprimer tes idées.

Citizenship

Where I live

Vocabulaire

Exercise 1

Sort the following geographical vocabulary from the smallest to the largest. (Note: sometimes the order is debatable.)

- *l'hémisphère*
- *la grande ville*
- *le continent*
- *le village*
- *la ville*
- *la capitale*
- *le hameau*
- *la région*
- *le pays*
- *la maison*
- *le monde*
- *la rue*
- *le quartier*
- *la commune*
- *la banlieue*

Exercise 2

Match the types of towns and cities with the relevant vocabulary.

1. *ville industrielle*
2. *ville portuaire*
3. *la campagne*
4. *la ferme*
5. *la capitale*
6. *le village*
7. *ville culturelle*

a. *un voilier, la côte, la pêche*
b. *le musée, le patrimoine, la tradition*
c. *la maison au toit couvert de chaume, la paroisse*
d. *l'usine, la pollution*
e. *la prairie, le bois, les moutons*
f. *l'agriculture, la récolte, le champ*
g. *le Parlement, le gouvernement*

Listening

Exercise 3

Listen to Arnaud, Hélène and Emilie speak about where they live and answer the following questions.

Qui …

1. *… trouve la saleté affreuse, mais la ville agréable ?*
2. *… apprécie la vie dans un village ?*
3. *… profite des paysages verdoyants tout en vivant en ville ?*
4. *… pratique des sports nautiques ?*
5. *… trouve que les magasins, c'est n'importe quoi ?*
6. *… habite dans un endroit tranquille ?*

Exercise 4

Sort the following reasons into positive and negative.

1. *Il y a trop de voitures.*
2. *Il y a beaucoup de distractions pour les jeunes.*
3. *Il y a peu de bruit ou de circulation.*
4. *Il y a de la saleté, des graffiti et des déchets partout.*
5. *Il n'y a pas grand-chose à faire.*
6. *Je ne me sens pas en sécurité.*
7. *L'endroit est verdoyant et sain – de beaux parcs et bois.*
8. *Les bus ne circulent que toutes les deux heures.*
9. *Les liaisons routières sont excellentes.*
10. *On peut aller partout à pied.*
11. *Il y a beaucoup de pollution.*
12. *Il y a beaucoup d'arbres et un petit lac.*
13. *On peut faire la connaissance d'étrangers.*
14. *Il se passe beaucoup de choses car ça bouge.*

Talking

Exercise 5

Prepare a short presentation on your home area. Answer the following questions:

- *Où habites-tu ?*
- *Depuis quand habites-tu ici ?*
- *C'est où exactement ?*
- *Tu aimes la région où tu habites ?*
- *Qu'est-ce qu'il y a comme distractions pour les jeunes ?*
- *Tu préférerais habiter ailleurs ?*

Writing

Exercise 6

Selon toi, quels sont les avantages et les inconvénients d'habiter en ville ? Tu habites toujours chez tes parents ? Est-ce que tu aimerais déménager ?

Ecris 120–150 mots en français pour exprimer tes idées.

TOP TIP!

Remember you can recycle language from reading and listening tasks to help you write essays or prepare your speaking.

Environment

Vocabulaire

Complete the phrases with the correct infinitive in the table below.

1. *Que faire pour _____ l'environnement ?*
2. *On devrait _____ une douche au lieu d'un bain.*
3. *On devrait _____ des économies de chauffage.*
4. *On devrait _____ les déchets.*
5. *On devrait _____ du vélo.*
6. *On devrait _____ le papier et le verre usagé.*
7. *On ne devrait pas _____ des sacs en plastique.*
8. *On pourrait _____ à pied.*
9. *On pourrait _____ les appareils.*
10. *On devrait _____ des produits écologiques et issus du commerce équitable.*
11. *On doit _____ l'énergie.*

> *utiliser   prendre   faire ×2   trier   acheter   sauver   économiser   se déplacer   éteindre   recycler*

Listening

Listen to Sébastien talk about what he and his family do to protect the environment and fill in the missing words from the box on the next page.

Bonjour, je m'appelle Sébastien et je suis élève dans un lycée à Toulouse dans le 1._____ de la France. Nous avons tous notre rôle à jouer dans la 2._____ de l'environnement, qui est, selon moi, la 3._____ de chacun. Petit à petit, tous ensemble, nous pouvons changer les choses. J'essaie de faire des petits 4._____, mais je sais que je devrais faire plus, mais ce n'est pas toujours facile. J'arrête de 5._____ l'eau. Je prends une 6._____ au lieu d'un bain. Je pense à 7._____ les appareils comme la télé ou l'ordi. Nous tentons de 8._____ les déchets, mais je promets de faire encore plus à l'avenir.

Continues over page

Ma famille est très écolo. Nous sommes conscients des enjeux 9._____ et de l'impact de nos choix lorsqu'on fait les courses. Ma mère achète des produits écologiques et qui viennent du 10._____ équitable. Nous n'utilisons jamais de sacs en 11._____ – on a toujours sur nous des sacs réutilisables. Tout le monde pourrait vraiment influencer sa façon d'acheter si l'on pensait aux effets sur l'environnement. En plus, je vais au collège à pied aussi souvent que 12._____.

Je me rends compte que la protection de l'environnement est importante et j'espère faire plus à 13._____ pour le protéger. Chez moi, on recycle beaucoup de carton, de papier et de verre. On fait du compost avec les restes de 14._____, par exemple les pelures de 15._____ et les déchets biodégradables. En revanche, on utilise trop souvent la voiture. On devrait utiliser plus souvent les 16._____ : les bus et les trains sont plus propres, plus rapides et plus écologique que les voitures.

trier	pommes	écologiques	protection	commerce	gestes	sud
transports en commun		l'avenir	gaspiller	douche	plastique	possible
	nourriture		éteindre	responsabilité		

Reading

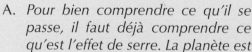

Read the following text about global warming then complete the exercises which follow.

Notre planète est en plein bouleversement

La température moyenne ne cesse d'augmenter sur la planète. Au rythme de sa progression, il fera bientôt beaucoup trop chaud sur Terre pour que certaines espèces puissent survivre. Le réchauffement entraîne aussi la fonte des glaces et la montée des océans, ce qui multiplie le risque de catastrophes naturelles (tsunamis, inondations …).

A. Pour bien comprendre ce qu'il se passe, il faut déjà comprendre ce qu'est l'effet de serre. La planète est en fait entourée d'une couche de gaz qui permet de retenir la chaleur du soleil. Elle permet de réchauffer la surface de la Terre. On les appelle les gaz à effet de serre. Si ce phénomène n'existait pas, il ferait -18°C sur la Terre ! D'un autre côté, que se passerait-il d'après toi si la quantité de ces gaz augmentait fortement ? Eh bien, il ferait encore plus chaud sur la Terre ! Le problème du réchauffement climatique est que le volume des gaz à effet de serre est en trop forte augmentation.

B. Ce réchauffement est dû à l'homme et à ses activités. Les sources d'énergie que nous utilisons (pétrole, charbon, gaz …) émettent des gaz à effet de serre lorsqu'elles se consument. Et nous en émettons beaucoup trop ! Les conséquences seront très graves d'ici 50 à 100 ans, entraînant un fort déséquilibre sur la planète.

C. *Pour pallier le réchauffement de la planète, il n'y a qu'un seul moyen : réduire notre consommation d'énergie émettant des gaz à effet de serre au profit d'autres énergies moins nuisibles pour la planète. On peut utiliser des ressources naturelles qui ne produisent pas de gaz, comme l'eau (avec des barrages hydrauliques par exemple), le soleil (avec des panneaux solaires pour se chauffer par exemple), ou bien le vent (les éoliennes produisent de l'électricité) …*

D. *Nous pouvons tous faire un effort au quotidien pour lutter contre le réchauffement de la planète. Et si tout le monde s'y met, le résultat peut être phénoménal !*

Questions

1. Choose the correct title for each of the paragraphs A–D.
   Les bons gestes au quotidien
   Les gaz à effet de serre
   Pourquoi ?
   Les solutions
2. According to the text, the average temperature of the earth continues to increase. What will the effect of this be?
3. How does the author explain greenhouse effect?
4. What is the source of greenhouse gases?
5. He says that the consequences will be serious. What will this lead to?
6. What solution does he propose to slow down global warming?
7. What is his final conclusion?

Exercise 4

Translate the following text into English.

Voici 10 petits gestes que tu peux faire toi aussi :

1. *Ne pas laisser de lumière ni d'appareil électrique allumés lorsque tu n'en as pas besoin.*
2. *Baisser le chauffage.*
3. *Ne pas gaspiller d'eau en laissant couler l'eau du robinet. Tu peux aussi prendre une douche plutôt qu'un bain car une douche consomme moins d'eau.*
4. *N'utiliser l'eau chaude qu'en cas de réel besoin.*
5. *Ne pas gaspiller le papier. Ecris bien sur toute la feuille de papier avant d'en utiliser une autre.*
6. *Acheter des produits qui respectent l'environnement.*
7. *Trier les déchets.*
8. *Ne pas jeter les piles, les ampoules et les médicaments avec les autres déchets.*
9. *Pour un petit trajet, se déplacer à pied ou à vélo plutôt qu'en voiture.*
10. *Préférer le train à l'avion pour les voyages si cela est possible.*

Exercise 5

Match these common environmental issues with the English equivalent.

1. *l'effet de serre*
2. *la désertification*
3. *la surpopulation*
4. *la pollution des eaux*
5. *la pollution de l'air*
6. *le dépérissement des forêts*
7. *les nuisances sonores*
8. *l'extinction des espèces animales*
9. *le dioxyde de carbone*
10. *le trou dans la couche d'ozone*
11. *les pluies acides*

a. overpopulation
b. air pollution
c. dying forests due to pollution
d. extinction of animal species
e. greenhouse effect
f. noise pollution
g. the hole in the ozone layer
h. acid rain
i. desertification
j. CO_2
k. water pollution

Writing

Exercise 6

Est-ce que tu es écolo ? Que fais-tu pour protéger l'environnement ? Achètes-tu des produits issus du commerce équitable ?

Ecris 120–150 mots en français pour exprimer tes idées.

TOP TIP!

Make sure that you are using everything at your disposal to maximise your exposure to the French language – read articles, watch TV online, listen to French radio and podcasts and look at Twitter. This will also help you understand the French mentality.

Democracy and politics

Vocabulaire

Français	Anglais
l'Etat	the state
la capitale	capital city
l'Assemblée nationale	the French parliament
le Parlement	parliament
le Président	the president
un député	an MP
une région	a region
un département	a department
les DOM-TOM	overseas departments and territories
une loi	a law
adopter une loi	to adopt a law
la politique	policy, politics
les citoyens	citizens
la citoyenneté	citizenship
une élection	an election
élire	to elect
un vote	a vote
voter	to vote
la Constitution	the constitution
la liberté	liberty
l'égalité	equality
la fraternité	brotherhood
le drapeau	flag
le passeport	passport
le gouvernement	government
gouverner	to govern
l'Union européenne	the European Union
la francophonie	the French-speaking world
la République	republic
l'Elysée	the palace where the president lives
un ministre	a minister
un ministère	a ministry
les droits	rights
une grève	a strike
une manifestation	a demonstration/protest

Exercise 1

Match up the French and English for these issues in society.

1. *le chômage*
2. *la mondialisation*
3. *l'immigration*
4. *la sécurité publique*
5. *la crise économique*
6. *la violence*
7. *la délinquance*
8. *le racisme*
9. *l'égalité des chances*
10. *la santé*
11. *les allocations*
12. *la pauvreté*
13. *les sans-abri*
14. *l'homophobie*
15. *la xénophobie*
16. *le changement climatique*

a. financial crisis
b. globalisation
c. climate change
d. health
e. violence
f. unemployment
g. poverty
h. homophobia
i. equal rights
j. benefits
k. homelessness
l. immigration
m. xenophobia
n. racism
o. crime
p. public safety

Listening

Exercise 2

Listen to the following people speak about politics and answer the questions.

1. For the first speaker, what is the most important political issue?
2. What statistic does she give to support this?
3. She claims that the government could do more to help. What does she suggest?
4. For the second person, what effect has the financial crisis had?
5. Why does he think that it is unfair?
6. What effect has this had on the lives of people and families?
7. Why do some people need to go to food banks?
8. The third speaker is worried about climate change. In what way has the weather changed over the years?
9. Why does she think we should do more?

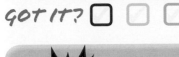

Grammaire

Conditional sentences using *si*

To express something that is unlikely to happen you can combine the imperfect (see page 84) and the conditional (see page 30).

*Si **j'étais** riche, je **voyagerais** à travers le monde.* – If I were rich, I'd travel round the world.

Exercise 3

Complete the sentences with the correct part of the verb in brackets and then translate into English.

1. *S'il _____ (être) là, je lui _____ (parler).*
2. *Si nous _____ (avoir) le temps, nous _____ (aller) voir le film.*
3. *Si je_____ (faire) mes devoirs, je _____ (comprendre) mieux.*
4. *Si Anna _____ (téléphoner), je lui _____ (dire) la vérité.*
5. *Si le gouvernement _____ (prendre) des mesures pour créer des emplois, le taux de chômage _____ (baisser).*

Exercise 4

Translate these conditional sentences into French.

1. If I were rich, I would buy a big house.
2. If I passed my exams, I would go to university.
3. If he were funny, we would laugh.
4. If my gran were sick, I would visit her.
5. If they studied French, they could speak the language.

TOP TIP!

When writing, try to use a range of tenses. You are trying to demonstrate what you know to the examiner!

Writing

Exercise 5

Est-ce que tu t'intéresses à la politique ? Selon toi, quel est l'enjeu le plus important auquel est confrontée notre société ? Si tu étais Premier ministre, que ferais-tu ?

Ecris 120–150 mots en français pour exprimer tes idées.

Unit 2: Learning

In this unit, we will explore a wide range of topics that look at the characteristics of the French education system. Throughout this unit, you will be able to develop your skills in talking, writing, reading and listening. Here are the topics that we will cover over the course of this unit.

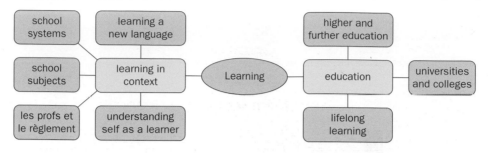

Learning in context

School systems

Reading

Exercise 1

Le système scolaire en France

Baccalauréat				
17	Terminale		Lycée	Enseignement secondaire
16	1ère			
15	2nde			
Examen (Diplôme national du brevet)				
14	3ème		Collège	
13	4ème			
12	5ème			
11	6ème			
10	Cours moyen 2 (CM2)		Ecole primaire	Enseignement primaire
9	Cours moyen 1 (CM1)			
8	Cours élémentaire 2 (CE2)			
7	Cours élémentaire 1 (CE1)			
6	Cours préparatoire (CP)			
5	Grande section		Ecole maternelle	
4	Moyenne section			
3	Petite section			
2	Toute petite section			

(Left vertical label: Instruction obligatoire)

La France est connue pour avoir l'un des meilleurs systèmes éducatifs au monde. La plupart des gens attribuent cela à son haut niveau d'exigences, aux méthodes d'enseignement rigoureuses et à la discipline inculquée aux élèves. L'éducation en France est obligatoire pour les enfants et les jeunes âgés entre six et seize ans, mais presque tous les enfants commencent l'école maternelle à l'âge de deux ou trois ans.

L'éducation française est fondée sur cinq principes :
- la liberté de l'enseignement
- la gratuité
- la neutralité
- la laïcité (absence de religion)
- l'obligation scolaire

Continues over page

Les élèves entrent à l'école primaire où ils apprennent les bases, telles que la maîtrise de la langue française, l'arithmétique, l'écriture et l'orthographe.

Après, ils entrent au collège où ils consolident leurs acquis de l'école primaire et approfondissent leurs savoirs et savoir-faire en préparant le diplôme national du brevet. À la fin de l'année de troisième, les élèves passent le brevet et peuvent s'orienter vers un lycée général et technologique pour préparer le bac ou vers un lycée professionnel pour apprendre un métier et préparer un diplôme professionnel.

Au lycée général et technologique, les élèves choisissent une série ou une voie spécialisée (ES, L et S, par exemple) qui mène au baccalauréat. Le bac est l'examen final qui leur permet de poursuivre des études supérieures à l'université ou bien dans les classes préparatoires aux grandes écoles.

En France, la journée scolaire peut être longue, surtout si l'on est en train de préparer le bac. Les élèves finissent généralement les cours vers 17h30.

Questions

Make notes on the French school system. How does it compare with the Scottish school system?

Vocabulaire

Exercise 2

Match up the school-related French vocabulary with the corresponding term in English.

Answers to all exercises are available to download from the Leckie & Leckie website. Go to www.leckieandleckie.co.uk/higherfrench

1.	*la rentrée*	a.	library
2.	*l'emploi du temps*	b.	day
3.	*passer un examen*	c.	timetable
4.	*réussir un examen*	d.	building
5.	*échouer à*	e.	French final leaving exam
6.	*la journée*	f.	to pass an exam
7.	*le bac*	g.	to repeat a year
8.	*le bâtiment*	h.	to fail
9.	*redoubler*	i.	start of a new school year
10.	*le CDI*	j.	to sit an exam

Exercise 3

Like in English, many verbs also have nouns which are derived from the verbs.

Use your dictionary to find the nouns from the following verbs. Remember to include the articles.

1. réussir
2. échouer
3. rédiger
4. travailler
5. communiquer
6. renseigner
7. voyager
8. conseiller
9. se maquiller
10. prévoir

Listening

Exercise 4

Listen to Amélie and Pierre talk about their schools and make notes on what they say.

Summarise what each person says and discuss with a partner.

Audio tracks and transcripts to support all listening exercises are available to download from the Leckie & Leckie website. Go to www.leckieandleckie.co.uk/higherfrench

TOP TIP!

When making notes it is important that you listen for as much detail as possible. Try not to write in sentences, just make a note of keywords. This is a skill that you need to practise.

Writing

Exercise 5

Tu préfères le système scolaire français ou l'écossais ? Quelles sont les plus grandes différences à ton avis ? Que changerais-tu dans ton lycée ?

Ecris 120–150 mots en français pour exprimer tes idées.

Compl
1. Je fi
2. Elle
3. Ils ve
4. Nou
5. Vous
6. Tu c

There ar
conditio

Match th
1. I will
2. they
3. we w
4. you v
5. she w
6. he wi
7. you v
8. they v
9. I will

Le ba

Série S
- Math
- Phys
- Scier
  la ter

Ces trois
importan

Spécialité

renforcer
scientifiqu

- Littéra
- 2 autre
- Histoi
- Philoso
- Educa
- TPE

Reading

Read the following text on choosing the correct **baccalauréat** and answer the questions which follow in English.

Quel bac choisir?

Chaque année, plusieurs lycéens en voie générale se pose cette éternelle question : laquelle des trois voies choisir et pour quels débouchés ?

Tu viens d'entrer en seconde, classe charnière entre le collège et le lycée, déterminante pour tes choix professionnels à venir. Ton passage en première orientera en effet le choix de ton bac et celui de tes études. Tu n'es pas encore très sûr de toi et tu as peur de te tromper? Voici quelques infos pour t'aider à y voir plus clair.

A. _____

C'est aux vues de tes résultats de seconde, mais aussi de tes goûts et de ta personnalité, que tu choisiras la série de première que tu suivras (littéraire, économique et social, scientifique ou technologique). Ton choix sera ensuite validé, ou non, par l'ensemble de tes professeurs lors du conseil de classe de fin d'année. Pour déterminer ton orientation, commence par te poser ces questions simples : Ai-je envie de faire des études longues ? Quelles disciplines me plaisent le plus ? Suis-je plutôt pragmatique, théorique, ou les deux ?

B. _____

Si étudier te plaît et que tu as l'intention de faire de longues études supérieures (3 à 5 ans ou plus), oriente-toi vers un bac général. Dès la première, tu devras choisir entre les 3 séries proposées : littéraire (L), scientifique (S) et économique et sociale (ES). Pour chaque filière, tu auras un certain nombre d'enseignements obligatoires, un enseignement obligatoire au choix et une option facultative. L'option facultative te permettra d'enrichir tes connaissances et ta culture générale, alors que le choix de ton enseignement obligatoire déterminera le profil de ton bac. Ensuite, l'enseignement de spécialité que tu choisiras en terminale te permettra, comme son nom l'indique, de te spécialiser dans un domaine : sciences économiques et sociales si tu suis une filière ES, mathématiques, physique-chimie et sciences de la vie et de la Terre si tu suis une filière S, littérature, philosophie et langue vivante renforcée ou histoire de l'art pour la filière L.

C. _____

Souvent mésestimée, la série technologique est cependant aujourd'hui une des voies les plus sûres, et les plus rapides, vers l'intégration professionnelle. Son atout ? Associer culture générale et compétences pratiques dans un domaine spécifique. Son inconvénient ? Elle suppose de savoir déjà vers quel type de profession tu désires t'orienter.

Il existe huit séries de Bac technologique couvrant des domaines très distincts : sciences et technologies du management et de la gestion, sciences et technologies de laboratoire, sciences et technologies de la santé et du social, sciences et technologie de l'agronomie et du vivant, sciences et technologie de l'industrie et du développement durable, hôtellerie, techniques de la musique et de la danse ... Comme les séries générales, les séries technologiques proposent l'enseignement de disciplines générales et technologiques obligatoires et celui d'options facultatives (arts, langues vivantes, EPS).

D. _____

Tu ne sais pas ce que tu veux ? Tu as encore du mal à définir tes envies et ta personnalité ? Pourquoi ne pas prendre rendez-vous chez le conseiller d'orientation ? Au cours de l'entretien, souvent complété d'un questionnaire, le conseiller t'aidera à mieux comprendre

*ce que tu aimes faire, à valoriser tes compétences et à établir des objectifs professionnels.
Il t'informera sur les métiers correspondant le mieux à ton profil et étudiera avec toi les
différents parcours que tu pourrais suivre.*

Questions

1. Highlight examples of the future tense.
2. Choose one of the following titles for each of the sections.
    Et les indécis ?
    Je veux faire de longues études …
    Se poser les bonnes questions
    Je veux alterner théorie et pratique :
3. **Read section A.** According to the article, there are various factors to consider when
    choosing the correct *baccalauréat*. What are these factors? State at least two things.
4. What questions should you ask yourself to help you decide?
5. **Read section B.** What does each branch of the *baccalauréat* consist of? Mention
    three things.
6. What will the optional subject allow you to do?
7. **Read section C.** The *bac technologique* is becoming more and more popular.
    a. Why is this?
    b. What is the main advantage of this *bac*?
    c. And the disadvantage?
    d. Name four of the subject areas that pupils can do in this *bac*.
8. **Read section D.**
    a. If you are unsure about what to do, what advice is given?
    b. In what way will this help? State at least two things.
9. Translate the underlined section into English: *'Tu viens d' … y voir plus clair.'*
10. What is the author's overall purpose of this text? Justify your answer with reference
    to the text.

Listening

Exercise 4

Three young people talk about their school subjects. Copy and complete the table. Try to mention as
much detail as you can.

	Élodie	Constantin	Fabien
Age			
Subject liked			
Reasons given			
Subject disliked			
Reasons given			

TOP TIP!

After you have completed a
listening exercise, read through the
transcript and pick out any new
words, phrases or structures that
you could use in your own work.
It is also important to listen to the
text again, so you can associate the
words to the sound of the language.

Writing

Exercise 5

*Quelles matières étudies-tu cette année ? Quelles sont les attentes des profs ? Est-ce que tu as
beaucoup de devoirs ?*

Ecris 120–150 mots en français pour exprimer tes idées.

Les profs et le règlement

Talking about school rules

There are a number of constructions we can use in French, which you may have seen at National 5.

il (ne) faut (pas) + infinitive – you (don't) have to …
on (ne) doit (pas) + infinitive – we must(n't) …
on (n')a (pas) le droit de + infinitive – we are(n't) allowed to …
on (n')a (pas) l'occasion de + infinitive – we have(n't) the opportunity to …
on (n')est (pas) obligé de + infinitive – we are(n't) obliged to …

Vocabulaire: Talking about relationships with teachers

Exercise 1

Use the vocabulary below to write ten sentences about the rules at your school.

- *porter un uniforme*
- *arriver à l'heure*
- *faire ses devoirs*
- *apprendre nos leçons*
- *manger en classe*
- *utiliser nos portables*
- *écouter les profs*
- *discuter en classe*
- *faire des activités coopératives*
- *utiliser un dictionnaire*
- *donner nos avis*
- *respecter les autres dans la classe*
- *assister aux activités parascolaires*
- *dévenir membre de l'équipe de foot*
- *être maquillée*

Français	Anglais
s'entendre (bien/mal) avec	to get on (well/badly) with
je (ne) m'entends (pas) bien avec	I (don't) get on well with
mon/ma prof de _____ est _____	My _____ teacher is _____
trop/très/vraiment/assez/un peu	too/very/really/quite/a bit
sévère/strict(e)	strict
marrant(e)	funny
compréhensif (ive)	understanding
autoritaire	authoritarian
aimable	kind/nice
souriant(e)	smiley
Il/elle nous aide quand on est bloqué	he/she helps us when we're stuck
Il/elle va trop vite/lentement	he/she goes too fast/slow
Il/elle nous respecte	he/she respects us

Writing

Write a short paragraph describing two of your teachers. You could include how well you get on with them, what their personalities are like and what you like/dislike most about them.

Reading

Read the following text in which Michael discusses the difference between good and bad teachers, and then complete the exercise which follows.

Le meilleur et le pire prof

Pour moi, le meilleur prof, c'est celui qui s'entend bien avec ses élèves, qui les comprend et qui leur parle. Il doit être sympa, mais sans trop s'immiscer dans la vie des élèves; il doit leur laisser une certaine liberté. Il doit savoir capter l'attention de ses élèves, trouver de nouvelles idées pour que les élèves comprennent mieux ses cours, des idées concrètes, qu'ils peuvent appliquer dans la vie. Bref, un prof doit prendre pleinement ses responsabilités d'enseignant, avec psychologie et philosophie. C'est le prof qui explique et réexplique tant qu'il le faut, qui est à la disposition de ses élèves et prêt à leur consacrer un peu de son temps, qui est proche d'eux et essaie de les comprendre, qui peut être drôle sans être un « copain », autoritaire sans être tyrannique, qui sait se mettre au niveau de ses élèves pour mieux les aider dans leur travail et les traite tous de façon équitable.

Mais il y a aussi le contraire. Il y a deux sortes de mauvais profs. D'abord celui qui a des préférences pour tel ou tel élève parce qu'il est plus intelligent ou pour des raisons personnelles, ou bien qui méprise tout le monde et se croit supérieur en donnant des leçons de morale. Le deuxième profil, c'est le prof assez jeune qui croit bien faire en voulant paraître aussi jeune que ses élèves. Un prof doit rester à sa place, de même que les élèves. Un prof qui parle de sorties en plein cours de maths, ce n'est pas vraiment ce que j'attends d'un enseignant. Ou un prof qui se moque de vous devant toute la classe parce qu'il vous a vu dans la rue avec votre petite amie et qui essaie de vous donner des conseils sur les relations filles-mecs en plein cours de droit, par exemple, c'est très pénible !

Copy and complete the table using the text above.

Qualities of a good teacher	Qualities of a bad teacher

Listening

Exercise 4

Listen to these three young people talking about their ideal schools. Fill in the gaps with the words in the box below each section.

Bonjour, je m'appelle Morgane et j'ai quinze ans. Mon lycée idéal, il serait situé dans des 1._____ modernes et pour que nous ayons plus de place, il y aurait de grandes salles de classes. Mes professeurs seraient moins 2._____ par les notes et les 3._____. Ils n'enfonceraient pas les mauvais élèves et ne valoriseraient pas trop les excellents. Un professeur qui aime ce qu'il 4._____ , ça doit se sentir à chaque instant, il sait trouver les mots justes et imaginer des situations d'5._____ qui sont motivantes. Le programme 6._____ est plutôt bien, mais il faudrait lui ajouter quelques heures pour apprendre l'histoire de l'art et sa pratique. L'art, la musique et la technologie 7._____ enseignés, tout comme la danse, le chant et le 8._____ . Le sport aussi. Ainsi qu'un cours sur la 9._____ de vivre en société, un cours de psychologie en quelque sorte, pour nous aider à comprendre les 10._____ et nous armer pour l'11._____. L'école serait ainsi plus 12._____ de la vraie vie. Et, dans l'idéal, il y aurait des loisirs vraiment 13._____ : jeux sur pelouse, salle de jeux avec billard et baby-foot.

théâtre   distrayants   moyennes   manière   actuel   avenir   rapports humains   préoccupés
locaux   apprentissage   seraient   enseigne   proche

Bonjour, je m'appelle Sébastien et j'ai dix-sept ans. Moi, j'aimerais que l'école nous permette d'1._____ de nouvelles 2._____, plus en phase avec notre époque. En Scandinavie, par exemple, les élèves 3._____ la cuisine. Ce qui paraît logique : ça nous apprend à vivre 4._____ et ça raconte qui nous sommes. Je pense également qu'il 5._____ que notre 6._____ soit plus léger, comme en Suisse. Nous aurions du temps pour une vie sociale, 7._____, sportive ou familiale. Je suis également en faveur d'un enseignement de la 8._____ très tôt, pour 9._____ la réflexion et le sens 10._____. En plus, j'aimerais que tous les profs ressemblent à mon prof d'histoire. Il fait attention à nous, il nous respecte. Il est strict mais juste. Parfois il nous 11._____, mais il sait aussi 12._____ avec nous. Quant au contenu de l'enseignement, j'aimerais qu'il y ait plus d'histoire, de disciplines artistiques et surtout davantage de cours où l'on étudierait ce qui se passe dans le 13._____ d'aujourd'hui. Et puis, dans mon école idéale, il n'y aurait plus de notes du tout. C'est tellement 14._____ d'avoir une sale note alors qu'on a vraiment fait des efforts. Et puis, dans notre lycée, c'est parfois la compétition des cancres : c'est à celui qui aura la note la plus basse...

culturelle   aiguiser   explorer   sainement   gronde   emploi du temps   décourageant   rigoler
possibilités   critique   apprennent   faudrait   monde   philosophie

Salut, je m'appelle Antoine et j'ai seize ans. Si j'avais le choix, dans mon collège, il y aurait une plus grande 1._____ , des toilettes 2._____ , des cours de mathématiques 3._____ , et les insultes seraient 4._____ . Je viens de terminer ma quatrième et je pense que c'est l'année de collège la plus difficile. On sort de l'enfance, la 5._____ commence et les rapports entre élèves sont parfois assez 6._____ . Ça ne doit pas être toujours facile pour les profs. Ce que j'attends d'eux, c'est qu'ils soient plus à notre écoute et qu'ils nous fassent plus travailler à l'oral. Dans mon école idéale, on 7._____ d'être noté car c'est un bon moyen de se repérer. Ça permet de progresser. Sans les notes, je ne saurais pas où j'en suis.

Avant tout, j'aimerais sentir que mes professeurs ont 8._____ d'être là, de retenir notre attention, pas uniquement en nous enseignant des choses élémentaires et en nous 9._____ , mais en 10._____ notre culture.

propres   cour   interdites   continuerait   puberté   durs   enrichissant   punissant   envie   facultatifs

Writing

Exercise 5

Est-ce que tu t'entends bien avec tes profs ? Selon toi, qu'est-ce qu'un bon prof ? Comment trouves-tu le règlement de ton lycée ?

Ecris 120–150 mots en français pour exprimer tes idées.

Understanding self as a learner

Reading

Pierre, a young Frenchman, is preparing to sit his *bac*. Read the following text and complete the exercises which follow.

Le stress au bac

Pour certains lycéens, le bac est un rite de passage dans la société et il est surtout la clé d'accès à une vie différente, plus adulte, soit à la fac soit dans la vie active, mais loin du lycée. Et si ces élèves stressent particulièrement à l'approche de l'échéance, c'est qu'ils se rendent souvent compte que leurs résultats sont très justes et qu'ils n'ont pas assez travaillé. Pour décrocher son diplôme, « même au rattrapage, » – et ne pas décevoir sa mère, – Pierre a ainsi dû **mettre les bouchées doubles** *à deux semaines des épreuves. Et pour décompresser, il mise sur le sport.*

« J'ai peur de ne pas avoir le bac et d'être obligé de passer encore un an au lycée alors que je n'en peux plus. Je n'ai qu'une envie : partir, pourquoi pas à Toulouse. Il faut absolument que j'aie mon bac, même au rattrapage, car je ne supporte plus d'être infantilisé. J'ai besoin d'autonomie et d'être avec des personnes plus âgées. Je stresse aussi car j'ai des points de retard : j'ai eu 4/20 en français aux épreuves anticipées, alors que c'était ma matière forte. Face au jury de l'oral, j'étais tétanisé, j'avais des tics, j'ai bégayé. Là, je sens que je suis stressé, j'ai une boule au ventre, je dors mal, je me réveille avec des pensées négatives. Et puis, ne pas avoir son bac, c'est ne pas être comme les autres, c'est être inférieur. »

« J'essaie le plus possible de cacher mon stress devant les autres, ça m'aide à prendre du recul. Quand je me sens vraiment stressé, je prends mon vélo, je vais à la piscine ou je cours. Depuis deux semaines, je travaille à la bibliothèque tous les après-midis, j'espère que ce sera suffisant... J'essaie de me rassurer en me disant que je suis dans un bon lycée, que j'ai eu de bons profs et que même si je n'ai pas assez travaillé pendant l'année, il m'en reste forcément quelque chose. Les profs nous disent que les jurys du bac repêchent beaucoup d'élèves, y compris ceux qui n'ont pas un bon dossier. »

« Mes parents ne se sont jamais vraiment intéressés à ma scolarité, sauf au moment des conseils de classe : ils me reprochaient alors mon manque de travail. Mais pour le bac, ma mère me stresse : elle dit que ce n'est pas grave si je ne l'ai pas, et en même temps, elle veut que je travaille plus. Elle pense que j'ai des capacités... J'ai peur de la décevoir. Je suis le premier de la famille à le passer. Ça me met la pression. »

mettre les bouchées doubles – to work twice as hard

Questions

1. Find the French for the following expressions:
   a. working life
   b. as the day approaches
   c. to get one's diploma
   d. to be treated like a child
   e. to step back
   f. to give somebody a second chance
   g. including
   h. staff meeting
   i. it puts me under pressure
2. Why is the *bac* so important in France?
3. What does the writer say about pupils who stress as the exam approaches?
4. What is Pierre scared about?
5. Why is he so desperate to pass his *bac*?
6. What happened during his oral exam?
7. What reaction does he have when he is stressed?
8. What does he do when he is particularly stressed?
9. What information does he give about his parents?

Listening

Exercise 2

Listen to a short article in which Dr Alain Mercier gives some advice about preparing for the final exam, then answer the following questions in English.

1. Why is it important to look after yourself when revising for the final exam?
2. What are the results of stress during this time?
3. What advice does he mention to reduce your stress levels?
4. If it feels like your brain is about to explode, what should you do?
5. He goes on to say that exams are like sporting competitions. What does he suggest you do to prepare?
6. What is his final conclusion?

Writing

Exercise 3

Comment aimes-tu réviser tes cours ? Est-ce que tu utilises un planning de révisions ? Qu'est-ce que tu fais pour gérer le stress de cette année exigeante ?

Ecris 120–150 mots en français pour exprimer tes idées.

Learning a new language

Vocabulaire

Français	Anglais
améliorer ses connaissances en	to improve one's knowledge of
le monde vous appartient	the world is your oyster
travailler à l'étranger	to work abroad
communiquer avec les gens en vacances	to speak to people on holiday
regarder des films dans des langues étrangères	to watch foreign language films
mieux comprendre les gens, leurs traditions et leur culture	to better understand people, their traditions and their culture
mieux comprendre sa propre langue	to better understand your own language
est un atout pour trouver un emploi	is an asset for finding a job
s'intégrer dans une nouvelle société	to integrate into a new society
étudier et faire des recherches	to study and do research
avoir un impact positif sur le cerveau	to have a positive impact on the brain
se faire des amis	to make friends
avoir une autre vision du monde	to have another view of the world
être plus compétitif sur le marché du travail	to be more competitive on the job market
c'est amusant	it's fun
ouvrir les portes aux autres cultures	to open doors to other cultures
c'est un enrichissement personnel	it's personal development
élargir son horizon	to broaden one's horizons

Reading

Exercise 1

Read about how these three people use languages in their daily lives, and answer the questions which follow.

Salut, je m'appelle Arthur et je viens de terminer mon bac L. Moi, je suis trilingue : ma langue maternelle, c'est évidemment le français, je parle couramment l'allemand et j'ai fait des études en anglais, alors je me débrouille bien. Je vis à Mulhouse, pas loin de la frontière allemande, et en plus, mon père est suisse. Il me parle toujours en allemand. Pour moi, les langues sont très importantes car après les vacances d'été, je vais faire des études de langues et de littérature dans une école supérieure de langues à Berlin, la capitale de l'Allemagne. Sans pouvoir parler la langue, j'aurais du mal à suivre les cours.

Moi, je trouve que l'histoire allemande, surtout celle des guerres, est intéressante et la culture allemande m'a toujours fascinée. On habite dans un pays de l'Union européenne et à mon avis, il faut absolument apprendre des langues européennes pour être plus compétitif sur le marché du travail. C'est habituel aujourd'hui d'apprendre deux ou trois langues au lycée. Les langues sont essentielles pour maintenir les liens entre pays voisins et pour mieux comprendre la mentalité des autres. En travaillant ensemble, on peut aborder des problèmes qui concernent tout le monde, comme le réchauffement de la planète, la pollution, le chômage et la pauvreté. Comment fait-on, si l'on ne parle pas une autre langue ? Ensemble, on est plus fort dans un monde mondialisé.

Bonjour, je m'appelle Nathalia et je travaille en tant qu'interprète et traductrice à l'ONU à Genève. Nous habitons un continent linguistiquement varié avec des peuples qui sont fiers de leurs traditions, de leur culture et de leur histoire. Les Européens exercent une grande influence dans le monde et c'est pour cette raison qu'il est indispensable qu'ils se comprennent et apprécient les cultures des autres. Parfois, les discussions et les négociations prennent du temps et elles sont compliquées, mais c'est le prix de la paix. Je suis d'origine espagnole et je suis multilingue. Je parle espagnol, anglais, français et allemand. Même si l'allemand n'est pas une langue officielle de l'ONU, je travaille en free-lance pour de grandes entreprises allemandes et suisses. Je ne peux pas imaginer qu'on ne parle qu'une seule langue. En ce qui me concerne, j'ai pu m'installer et m'intégrer dans la société suisse car je parle la langue régionale. Je me suis fait beaucoup d'amis partout dans le monde et cela n'aurait pas pu être possible sans avoir des compétences linguistiques. Apprendre une langue, c'est élargir nos horizons.

Bonjour, je suis Monsieur Lebrun et je suis PDG d'une grande entreprise multinationale. Nous avons des bureaux partout dans le monde et nos employés doivent nécessairement parler au moins une langue étrangère. Au moment des négociations, lorsque nous vendons un produit, on est plus efficace si on négocie dans la langue maternelle des clients. Ils se sentent plus à l'aise et peuvent poser des questions. En apprenant d'autres langues, on découvre et on comprend la culture des autres. _Je sais que dans certains pays, peu d'employés peuvent s'exprimer dans une langue étrangère, ce qui a un effet négatif sur les chiffres._  Les langues étrangères sont indispensables dans le monde du commerce – pour acheter, vendre et établir des liens. Dans notre bureau à Glasgow, il est difficile de trouver des employés britanniques bilingues car les langues ne sont pas valorisées par les Britanniques. _Je viens de lire un article dans le journal qui souligne que l'incapacité de parler une langue étrangère coûte à l'économie britannique presque 50 milliards d'euros par an. Le gouvernement doit trouver une solution pour résoudre ce problème coûteux._

Continues over page →

Questions

Arthur

1. Why does Arthur speak so many languages?
2. What does he plan to do after the holidays?
3. What does he like most about Germany?
4. Why does he think it is so important to learn European languages?

Nathalia

5. Where does Nathalia work?
6. Why does she think it is important to learn other languages?
7. What does she say about UN negotiations?
8. What have her language skills allowed her to do?

Monsieur Lebrun

9. What is Monsieur Lebrun's job?
10. Why are languages important for him?
11. What benefits do languages bring in negotiations?
12. Why does he mention the company's office in Glasgow?
13. Translate the underlined sections into English.
14. Are the speakers generally positive about learning a language? Justify your answer with reference to the text.

Grammaire

Les statistiques

Numbers and statistics are important when reading studies and articles from newspapers and magazines.

Français	Anglais
la moitié de	half of
un tiers de	a third of
un quart de	a quarter of
les trois quarts de	three quarters of
un cinquième de	a fifth of
deux cinquièmes	two fifths of
un Français sur deux	1 in 2 French people
trois jeunes sur dix	3 in 10 young people
des milliers	thousands
une vingtaine	about twenty
plusieurs centaines	several hundred
environ	about
à peu près	roughly
presque	almost
quasiment	almost, nearly
seulement	only
sauf	except
plus de	more than
moins de	less than

Translate the following sentences into English.

1. *Environ un Français sur deux parle une langue étrangère.*
2. *Le français est la deuxième langue la plus parlée dans l'Union européenne.*
3. *Un jeune Français sur dix apprend l'allemand.*
4. *Plus de 300,000 Français habitent au Royaume-Uni.*
5. *Quasiment les trois quarts des jeunes Français aiment regarder des films en anglais.*

Listening

Listen to the track. Copy the text and include the missing numbers and statistics.

Selon une étude récente, les langues continuent à gagner en importance dans tous les domaines de la vie : le commerce, les vacances, la politique, la vie quotidienne.

Dans l'Union européenne, il y a 1._____ langues officielles. Par ailleurs, il existe 2._____ de 3._____ langues régionales et minoritaires indigènes, et plusieurs langues non-indigènes, parlées par les communautés migrantes. Actuellement, au Royaume-Uni 4._____ citoyen sur 5._____ est d'origine immigrée.

Dans le commerce, presque 6._____ des employeurs recherchent des employés multilingues et quasiment 7._____ disent que les langues sont utiles.

Un peu plus de 8._____ des Européens sont capables de tenir une conversation dans au moins une langue étrangère, un 9._____ d'entre eux peuvent s'exprimer dans deux langues et 10._____ Européen sur 11._____ est familiarisé avec au moins trois langues.

Même si l'anglais est une lingua franca, 12._____ de la population mondiale ne parle pas cette langue. Seulement 13._____ de la population a l'anglais pour langue maternelle. Il y a aussi beaucoup de gens qui parlent le français. Plus de 14._____ millions de personnes parlent le français sur les 5 continents, et ce chiffre continue à augmenter. On estime qu'en 15._____, il y aura presque 16._____ millions de personnes qui parleront le français.

Reading

Match up the descriptions with the paragraphs on the next page.

1. *une langue parlée dans le monde entier*
2. *une langue pour trouver un emploi*
3. *la langue de la culture*
4. *une langue pour voyager*
5. *une langue pour étudier dans les universités françaises*
6. *l'autre langue des relations internationales*
7. *une langue pour s'ouvrir sur le monde*
8. *une langue agréable à apprendre*
9. *une langue qui permet d'apprendre d'autres langues*
10. *la langue de l'amour et de l'esprit*

a. *Apprendre le français aide à apprendre d'autres langues, notamment les langues latines (l'espagnol, l'italien, le portugais et le roumain) mais aussi l'anglais, puisque plus de 50 % du vocabulaire anglais actuel est dérivé du français.*

b. *Apprendre le français, c'est apprendre une belle langue, riche et mélodieuse qu'on appelle souvent la langue de l'amour. Le français est aussi une langue analytique qui structure la pensée et développe l'esprit critique, ce qui est très utile dans les discussions ou les négociations.*

c. *Avec des notions de français, il est tellement plus agréable de visiter Paris et toutes les régions de France (de la douceur de la Côte d'Azur aux sommets enneigés des Alpes, en passant par les côtes sauvages de la Bretagne) mais aussi de comprendre la culture, les mentalités et l'art de vivre à la française.*

d. *Comprendre le français permet de poser un autre regard sur le monde en communiquant avec les francophones sur tous les continents et en s'informant grâce aux grands médias internationaux en langue française (TV5, France 24, Radio France Internationale).*

e. *La connaissance du français ouvre les portes des entreprises françaises en France comme à l'étranger, dans tous les pays francophones (Canada, Suisse, Belgique et continent africain).*

f. *Le français est à la fois langue de travail et langue officielle à l'ONU, dans l'Union européenne, à l'UNESCO, à l'OTAN, au Comité international olympique, à la Croix-Rouge Internationale … et la langue de plusieurs instances juridiques internationales.*

g. *Le français est la langue internationale pour la cuisine, la mode, le théâtre, les arts visuels, la danse et l'architecture.*

h. *Le français est une langue facile à apprendre. De nombreuses méthodes existent pour apprendre le français en s'amusant, pour enfants ou pour adultes. On peut très vite atteindre un niveau permettant de communiquer en français.*

i. *Parler français permet notamment de poursuivre ses études en France dans des universités réputées ou dans les grandes écoles de commerce et d'ingénieur, classées parmi les meilleurs établissements d'études supérieures en Europe et dans le monde.*

j. *Plus de 200 millions de personnes parlent français sur les 5 continents.*

Writing

Exercise 5

Pourquoi as-tu choisi d'apprendre une langue étrangère ? Quels sont les avantages de parler une langue étrangère ? Penses-tu qu'une langue étrangère devrait être une matière obligatoire au lycée ?

Ecris 120–150 mots en français pour exprimer tes idées.

Education
Higher and further education

Quand on a le bac en poche, il y a de nombreuses possibilités : continuer ses études à la fac, trouver un emploi, faire un apprentissage ou passer une année sabbatique à l'étranger.

Vocabulaire

Français	*Anglais*
l'université	university
la fac	university
l'enseignement supérieur	higher education
la licence	bachelor degree
le master	masters degree
le doctorat	doctorate
le BTS (Brevet de technicien supérieur)	vocational exam
la grande école	elite university
la prépa (= la classe préparatoire)	class preparing for entrance exam to a grande école
une filière d'étude	a course of study
l'alternance	work and study at the same time
le DUT (Diplôme universitaire de technologie)	technical diploma

l'enseignement supérieur en France

ans					
+8				Doctorat	
+5					
			Master 2	Grandes Ecoles	
+3		Licence Pro			
+2	BTS	DUT	Licence	Classes préparatoires	
Bac					

Listening

Exercise 1

Listen to these four young people talk about their plans for next year. Copy and complete the table below.

Nom	Plans for next year	Extra information
Bastien		
Arnaud		
Virginie		
Edwige		

Reading

Exercise 2

Read about Alexandre's experience after he left university and answer the questions which follow.

Après avoir terminé mes études à l'université de Lille l'année dernière, j'ai décidé de déménager pour accepter un poste d'informaticien à Edimbourg, la capitale de l'Ecosse.

Alexandre raconte : « J'avais du mal à trouver un travail en France avec un bon salaire. J'ai vu ce poste sur Internet et je me suis dit pourquoi pas. J'ai un bon niveau d'anglais car je suivais la plupart de mes cours en anglais à la fac. J'ai toujours voulu travailler à l'étranger pour connaître une autre culture et l'Ecosse me convient parfaitement. Le pays a une longue histoire intéressante et les Ecossais sont accueillants et aimables.

Au début, c'était assez difficile car l'accent écossais est très marqué et je ne comprenais pas toujours ce que les gens me disaient. Les Ecossais parlent trop vite et avalent les consonnes à la fin des mots. Ce n'est pas tout à fait l'anglais qu'on a appris au lycée. En plus, le temps passe parfois d'un extrême à l'autre, c'est-à-dire qu'il peut y avoir du soleil le matin et neiger l'après-midi. Les paysages sont

époustouflants et j'ai déjà eu l'occasion de visiter plusieurs endroits, notamment Glasgow, la grande métropole, et les montagnes et les lacs des Highlands. Les vues sont stupéfiantes et l'air y est frais. En été, le soleil ne se couche pas avant onze heures du soir. Les paysages vallonnés avec leurs dégradés de verts, bruns et violets s'étendent à perte de vue, et on n'y voit ni maison ni voiture. C'est vraiment paisible. »

Après être arrivé, Alexandre était un peu désorienté et ne connaissait personne. Mais ça a changé quand il a trouvé un appart en collocation avec deux Ecossais près de son lieu de travail. Il s'est très vite habitué à la vie écossaise. « Je me suis fait pleins d'amis ici à Edimbourg – je suis content de ma nouvelle vie. Mes études jusqu'à la licence m'ont bien préparé au monde de travail. Je crois que j'apporte une autre façon de penser à l'entreprise et je m'entends bien avec mes collègues. Je recommanderais à tout le monde de trouver un emploi à l'étranger. Je ne voudrais être nulle part ailleurs. »

Questions

1. Why did Alexandre move to Scotland after finishing university last year?
2. What does he like about Scotland?
3. What did he find difficult at the beginning?
4. What does he say about the landscape and the places he has visited?
5. After he first arrived he was a bit disorientated and did not know anyone. When did this change?
6. Is Alexandre positive or negative about his work? Justify your answer with reference to the text.

Grammaire

The perfect infinitive

The perfect infinitive is a tense used to describe an action that occurred before another action when the subjects of both actions are the same. Formation: infinitive of the auxiliary verb (*avoir/être*) and the past participle.

Remember that the past participles agree with the subject.

Après avoir réussi son bac, il est allé à l'université. – After having passed his bac, he went to university.

J'ai regretté d'avoir choisi les maths. – I regretted choosing maths.

Après être allée à l'université, j'ai trouvé un travail bien payé. – After having gone to university, I found a well-paid job.

Note: the negative form of the ***infinitif passé*** has both parts of the negative before the auxiliary verb.

Je suis triste de ne pas avoir vu le match. – I'm sad at not having seen the match.

Exercise 3

Sort the past participles into the table, deciding whether they use *avoir* or *être* as the auxiliary verb.

allé	monté	fini	venu	passé	devenu	travaillé	sorti
fait	né	voulu	mort	eu	dit	pu	parti
pris	parlé	choisi	resté	été	étudié	reçu	arrivé

avoir	*être*

Exercise 4

Translate the following sentences into English.

1. *Après avoir fait ses devoirs, il a rejoint sa petite amie au cinéma.*
2. *Après avoir travaillé pendant les vacances, elles avaient économisé assez d'argent pour aller aux Etats-Unis.*
3. *Ma soeur est contente d'avoir choisi une filière scientifique.*
4. *J'étais heureux d'avoir obtenu ma licence.*
5. *Après avoir monté l'escalier, j'étais épuisée.*
6. *Il s'est excusé de ne pas avoir fait ses devoirs.*

Exercise 5

Translate the following sentences into French.

1. After having eaten my dinner, I played football in the park.
2. After having passed her exams, she went on holiday.
3. After having spoken to the teacher, they knew what to do.
4. We are proud to have completed the task.
5. I am sorry for not having arrived on time.
6. After having been to France, they had a better understanding of the language.

Talking

Exercise 6

Prepare a short presentation on the topic of school and future plans. You should try to include the following information:

- where you go to school
- what subjects you study and your opinion of them
- what you think about your school (uniform, rules, teachers …)
- what you plan to do after school
- whether you would like to study abroad

TOP TIP!

In French, use the future tense for events that have yet to occur.

You can present this information in any way you wish. Consider using a PowerPoint or Prezi to include pictures.

It is important to avoid writing the whole presentation and reading it from the sheet.

Good presentations are when you are confident, make eye contact and know your subject well.

Compare the English and the French:

Quand j'aurai trente ans	When I am 30
Quand je terminerai mes études	When I finish my studies
Quand il sera grand	When he's older

You'll notice that we use the present in English.

Other constructions that use the future in French include:

après que (after)
aussitôt que (as soon as)
dès que (as soon as)
espérer que (to hope that)
lorsque (when)
une fois que (once)

Listening

Exercise 7

Listen to Anna and Paul talk about their final year at school. Copy and complete the grid with your notes.

	Anna	Paul	Extra info
Holiday			
Baccalauréat			
Opinion of languages			
TPE topic			
Optional subjects			
Future plans			

Choosing a university or college

Translation

Exercise 1

Translate the following introduction into English.

> *Choisir une université ou un lycée professionnel est l'une des décisions les plus importantes de ta vie, on peut se sentir perdu devant l'ampleur de la tâche. Après le bac, tu envisages d'aller à la fac pour faire des études ? Droit, sciences, lettres … les formations proposées sont nombreuses. Par où commencer ?*

Vocabulaire

Exercise 2

Find the English for the following vocabulary.

Français	Anglais
le logement	
habiter en collocation	
une cité universitaire	
faire la fête	
les moyens	
l'allocation financière	
une bourse	
l'essence	

Reading

Read the following article about the possibility of studying abroad and then answer the questions which follow in English.

Des universités sans frontières

Dans un contexte de mondialisation, l'expérience internationale est un atout pour l'insertion professionnelle. Des programmes variés, assortis d'aides financières, vous permettent de partir à l'étranger.

Chaque année, 180,000 jeunes Français partent à l'étranger dans le cadre de leur formation, d'un stage, d'un échange sportif ou culturel, d'un projet associatif ou d'un volontariat. Des filières « voyagent » plus que d'autres, comme les sciences sociales, le commerce et le droit.

Mais dans tous les cas, ne vous censurez pas. Le séjour vous sera bénéfique à tous points de vue : apprentissage de la langue, découverte d'une autre culture et de l'autonomie, ouverture d'esprit et développement de la confiance en soi ... Autant d'atouts qui apportent une vraie plus-value sur le plan personnel et peuvent s'avérer déterminants sur le plan professionnel.

Parmi les programmes, le plus célèbre est Erasmus. Il permet d'effectuer un séjour d'études ou un stage de trois à douze mois dans un pays européen. Ce programme présente de nombreux avantages : pas de frais de scolarité supplémentaires, des examens validés sous forme de crédits reconnus partout dans l'UE, et une allocation financière.

Si vous ne savez pas encore quelles études vous voulez faire, envisagez un séjour à l'étranger, ce sera un plus sur votre CV.

Questions

1. Translate the title of the article.
2. Why is international experience important?
3. Each year 180,000 young people go abroad. What type of activities do they do?
4. Certain types of students go abroad more often than others. What three examples does the author give?
5. A spell abroad will benefit you. What benefits does the author mention?
6. What is Erasmus?
7. What are the advantages of this programme?

Listening

Three young people who have just started university talk to us about their experience. Listen to the texts and complete the following exercises.

Alain

1. What is Alain studying at university?
2. Why did he choose the University of Toulouse?
3. What steps did he take before choosing this university?
4. Who does he live with?
5. What does he say about his living arrangements?
6. What does he say about the work at university?
7. Copy and complete the table.

Name	Sascha
Studies	
Lives	
Advantages of living there	
Information about the town	
What he likes about his course	

Sarah

8. Where is Sarah studying?
9. What is she studying?
10. For how long?
11. Why did she choose to come to Brussels?
12. Where does she live? What is the disadvantage?
13. What is she scared of?
14. What is she doing to help this?
15. In what way does she finance her time in Brussels?
16. What does she hope to do in the future?

Writing

Quels sont tes projets pour l'année prochaine ? Crois-tu que c'est important d'aller à la fac de nos jours ? Si l'argent ne jouait aucun rôle, que ferais-tu ?

Ecris 120–150 mots en français pour exprimer tes idées.

Lifelong learning

Reading

La formation continue

Le monde ne cesse d'évoluer. Qui aurait pu imaginer l'impact des portables et de la technologie dans les années 50 ? Les capacités dont on a besoin changent constamment, et c'est pourquoi il faut entretenir et adapter ses compétences professionnelles tout au long de sa vie.

Il existe plusieurs types de formations. Certains vous permettent de compléter vos connaissances ou de développer des compétences particulières, et d'autres vous offrent des parcours plus complets pour apprendre un nouveau métier ou acquérir une nouvelle qualification. Tout dépend de vos besoins et du temps que vous pouvez consacrer à une période de formation.

Vous avez une expérience professionnelle reconnue, mais votre métier a évolué au fil des années avec les nouvelles technologies, le développement durable et les nouvelles évolutions de la société. Aujourd'hui, il n'est pas rare, pour retrouver un travail, de devoir suivre une formation complémentaire, par exemple sur un logiciel. L'essentiel est de bien choisir ce petit « plus » qui viendra enrichir votre parcours et qui rendra votre profil plus attrayant pour les employeurs.

La formation continue poursuit plusieurs objectifs : elle permet d'approfondir ou de mettre à jour ses connaissances professionnelles, d'acquérir de nouvelles compétences, de maintenir sa compétitivité, de s'ouvrir à de nouveaux horizons professionnels, de réorienter sa carrière, de développer son réseau professionnel ou de favoriser son développement personnel.

Les exigences du marché du travail deviennent de plus en plus pointues, la sécurité de l'emploi n'est plus garantie, les métiers changent, les technologies évoluent très rapidement. Dans ce contexte, l'apprentissage tout au long de la vie s'avère indispensable : l'acquisition de nouvelles qualifications, leur mise à jour et leur développement permanent permettent d'anticiper le changement et de s'adapter à de nouvelles conditions de travail.

Continues over page

Find the French for:

1. who could have imagined?
2. skills
3. to keep up to date
4. to get
5. to dedicate
6. over the years
7. new technology
8. sustainable development
9. goals
10. job security
11. to adapt to

Writing

Exercise 2

Quelle nouvelle capacité aimerais-tu développer à l'avenir ? Selon toi, est-ce que c'est important de continuer à se former ? Quelle carrière aimerais-tu faire ?

Ecris 120–150 mots en français pour exprimer tes idées.

Unit 3: Employability

In this unit we will explore a wide range of topics on employability. Throughout this unit you will be able to develop your skills in talking, writing, reading and listening. Here is a list of topics that we will cover in this unit.

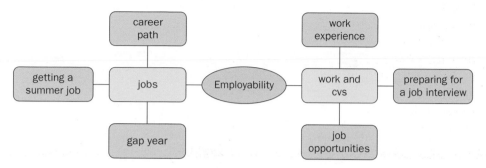

Jobs

Getting a summer job

Vocabulaire

Français	Anglais
un job étudiant	a student job
un job/travail saisonnier	seasonal work
un job d'été	a summer job
un petit boulot	a part-time job
à temps partiel	part-time
à temps plein	full-time
un stage	work experience/work placement
faire du bénévolat	to do voluntary work
le SMIC	minimum wage

Révision: the *imparfait*

You will have already seen the *imparfait* at National 5.
The imperfect tense in French is used to describe things that used to happen regularly in the past and to describe what something was like in the past.

Quand j'étais petite, j'allais rendre visite à ma grand-mère tous les week-ends.
When I was young, I used to visit my gran every weekend.

Quand j'étais en France, il pleuvait tout le temps!
When I was in France, it rained all the time!

It is formed using a similar construction to the present participle (page 27). Almost all the verbs are regular in the *imparfait*. You need to find the *nouse* form of the present tense, take away the –ons and add the following endings:

-ais	-ions
-ais	–iez
-ait	-aient

Note: the *imparfait* stem of *être* is *ét-*
If the stem ends in a –g- then you will need to add an extra –e to help pronunciation before an -a, e.g.

Je mangeais	*Il mangeait*	*Vous mangiez*
Tu mangeais	*Nous mangions*	*Ils mangeaient*

If the stem ends in a –c then you will need to add a cedilla –ç to help pronunciation before an –a, e.g.

Je commençais

Exercise 1

Find the *nous* form stems for the following verbs.
Answers to all exercises are available to download from the Leckie & Leckie website. Go to www.leckieandleckie.co.uk/higherfrench

1. *parler*
2. *finir*
3. *vendre*
4. *avoir*

5. *pouvoir*
6. *manger*
7. *commencer*
8. *grandir*

9. *voyager*
10. *recevoir*

Exercise 2

Complete, using the correct *imparfait* form of the verbs.

1. *En 2013, j'habit_____ à Toulouse.*
2. *Pendant notre enfance, nous jou_____ au tennis.*
3. *Est-ce que tu finiss_____ toujours à midi?*
4. *Tous les jours, elle lui rend_____ visite.*
5. *Ils all_____ souvent au cinéma.*

Exercise 3

Complete with the correct form of the *imparfait*.

1. *Avant ils _____ (voyager) beaucoup.*
2. *Est-ce que tu _____ (connaître) ce chanteur?*
3. *Elle _____ (prendre) le bus tous les jours.*
4. *Ils _____ (lire) tous les matins les journaux.*
5. *En 2015, j'____ (avoir) 15 ans.*

Exercise 4

Translate the following into English.

1. *Avant il était vraiment petit.*
2. *En Afrique nous buvions beaucoup d'eau.*
3. *Pendant leur enfance, ils aimaient les bonbons.*
4. *Est-ce que tu faisais du sport régulièrement?*
5. *Est-ce que vous saviez parler français?*

Reading

Exercise 5

Les jobs d'été

Les étudiants sont toujours à la recherche d'un job d'été à l'approche des vacances estivales car les grandes vacances constituent pour eux la seule occasion de l'année de se faire un peu d'argent. En ces temps de crise financière et économique, la mode pour les entreprises est plutôt aux plans de licenciement qu'au recrutement massif. Alors, est-il possible de trouver un job d'été aussi facilement qu'il y a quelques années ?

Les jobs d'été touchent essentiellement au secteur du tourisme, où il y a un large éventail de possibilités : parcs naturels, parc d'attractions, campings, camps de vacances, stations

Continues over page →

balnéaires, hôtels, restaurants, boutiques, agriculture (cueillette), tour-opérateurs, villages vacances ... mais aussi les postes au pair.

1. _____ : ski nautique, voile, plongée, kayak, natation, fitness, tir à l'arc, judo, vélo ...

2. _____ : encadrement, activités sportives et de découverte, cours de langues, découverte de l'informatique et du multimédia ...

3. _____ : hôtesses d'accueil, vendeuses, accompagnateurs, secrétaires, caissières, chauffeurs ...

4. _____ : infirmières, esthéticiennes ...

5. _____ : (dans des hôtels, restaurants, parcs d'attractions, stations balnéaires ...)

6. _____ : plombiers, électriciens, menuisiers, responsables de lingerie, paysagistes ...

7. _____ : serveurs, cuisiniers, chefs de partie, pâtissiers, barmen ...

8. _____ : (distribuer des tracts dans la rue, promouvoir une soirée pour une boîte de nuit ou un restaurant, inciter des touristes à venir dans un hôtel ...)

Match the categories below to the jobs in the text above.

Personnel dans le domaine des services	Personnel administratif
Personnel à vocation commerciale	Personnel de maintenance
Moniteurs de sport	Moniteurs de colonies de vacances
Personnel de santé/bien-être	Personnel en hôtellerie/restauration

Mais pourquoi faire un job d'été ?

À condition que l'entreprise respecte un temps de travail légal et la rémunération adéquate, il est possible de trouver un job d'été à partir de 18 ans, l'âge légal pour travailler. Pour certains, les bénéfices d'un job d'été ne sautent pas aux yeux. Mais quels sont-ils ?

- **La rémunération :** La motivation financière est probablement la plus importante. En effet, si tu travailles à temps plein pendant un mois, tu seras rémunéré au minimum au SMIC. Cela te permettra de couvrir tes dépenses en extra pour l'année à venir et de financer tes prochaines vacances. Ton salaire de la saison te permettra donc de décharger tes parents d'un poids et te rendra d'avantage indépendant.

- **Le Curriculum Vitae :** Même si les fonctions que tu as occupées durant ton job d'été n'étaient pas valorisantes ou que les tâches étaient répétitives, le job d'été constitue une ligne supplémentaire sur ton CV. Cela montre également à tes futurs employeurs que tu as le goût de l'effort.

- **Une expérience professionnelle :** Le job d'été te donne un aperçu du monde professionnel et te permet d'acquérir de nouvelles compétences.

- **Une occupation :** si tu n'as pas les moyens de partir en vacances, le job d'été occupe efficacement ton temps, ce qui t'évite l'ennui.

Exercise 6

Answer the following questions in English.

1. Why are students always looking for a job in the summer?
2. What effect is the current financial climate having on employers?
3. Where can you find most summer jobs?
4. Name some of the examples given.
5. What conditions must companies respect?
6. What are the four advantages of having a summer job mentioned in the text? Give as much detail as you can.
7. Translate the underlined sections into English.

Listening

Exercise 7

Listen to these two young people speaking about their summer jobs. Copy and complete the table.

Audio tracks and transcripts to support all listening exercises are available to download from the Leckie & Leckie website. Go to www.leckieandleckie.co.uk/higherfrench

	Jean-Claude	Virginie
Where		
What		
Working hours		
Pay		
Tasks		
Opinion		
Extra information		

Writing

Exercise 8

Quels sont les avantages d'avoir un travail d'été ? Et les inconvénients ? Où aimerais-tu travailler pendant les vacances d'été ?

Ecris 120–150 mots en français pour exprimer tes idées.

Career path

Grammaire

Adjectives

Remember that, in French, an adjective agrees with the noun or pronoun it is referring to.

e.g. *Paul est très **sportif**, mais Emma est **sportive** elle aussi.*
*Les garçons sont **grands** et les filles sont **grandes** également.*

There are a number of rules for the change of spelling of adjectives.
The most common rules are displayed in the table below.

	singular	plural
masculine	–	+s
feminine	+e	+es

Other common rules include:

if the adjective ends in …	then change to …	examples
–eux	–euse	*heureuse*
–eur	–euse	*flatteuse*
–if	–ive	*sportive*
–e	–e	*riche*
–el	–elle	*personnelle*

A number of adjectives do not change at all:
- shortened words, e.g. sympa
- words from other languages, e.g. cool
- words that come from nouns, e.g. orange
- compound colour adjectives, e.g. vert foncé

Here is a list of common adjectives relating to the world of work. Copy and complete the table using the rules above.

Masculine	Feminine	English	Masculine	Feminine	English
accueillant	_____	_____	affirmé	_____	_____
amusant	_____	_____	coopératif	_____	_____
appliqué	_____	_____	créatif	_____	_____
déterminé	_____	_____	autonome	_____	_____
indépendant	_____	_____	calme	_____	_____
intelligent	_____	_____	digne de confiance	_____	_____
motivé	_____	_____	dynamique	_____	_____
organisé	_____	_____	efficace	_____	_____
tolérant	_____	_____	compréhensif	_____	_____
ambitieux	_____	_____	flexible	_____	_____
courageux	_____	_____	honnête	_____	_____
rigoureux	_____	_____	méthodique	_____	_____
sérieux	_____	_____	responsable	_____	_____
travailleur	_____	_____	ponctuel	_____	_____
innovateur	innovatrice	_____	gentil	_____	_____

Exercise 2

Complete these sentences with an appropriate adjective. Remember to make sure they agree.

1. *Je dirais que je suis* _____.
2. *Ma soeur est assez* _____.
3. *Le patron est* _____.
4. *D'après ma mère, je suis* _____.
5. *Mes amis sont très* _____.
6. *Mon prof n'est jamais* _____.

Vocabulaire

Exercise 3

Link the job with the statement that best matches it. Complete the table on page 90.

1. *agriculteur*
2. *vétérinaire*
3. *environnementaliste*
4. *danseur*

a. *Je suis fort en langues*
b. *J'aime bricoler, dessiner et travailler avec des jeunes*
c. *Le sport est ma passion*
d. *Je veux travailler dans l'audiovisuel*

5. joueur de foot
6. chauffeur de taxi
7. sportif de haut niveau
8. fleuriste
9. maçon
10. architecte
11. scientifique
12. statisticien
13. informaticien
14. agent de comptoir
15. interprète
16. graphiste
17. ingénieur du son
18. professeur d'arts plastiques
19. styliste
20. costumier
21. instituteur/professeur des écoles
22. infirmier
23. agent de police

e. J'aime les sensations fortes et remporter des défis
f. Je veux travailler de mes mains
g. J'aime le parfum des fleurs
h. Je serai un pro du bâtiment
i. J'ai un bon coup de crayon
j. J'aime bien faire des expériences
k. Je prends soin des animaux
l. J'aime jongler avec les chiffres
m. J'aime la nature
n. Je suis branché high-tech
o. J'ai le sens du contact
p. Je veux m'exprimer avec mon corps
q. La mode me fait rêver
r. Je veux protéger la planète
s. Je veux faire respecter la loi
t. Je veux travailler dans le spectacle
u. J'aime le contact avec les enfants
v. Je serai un pro de la conduite
w. Ma vocation est de soigner

1	2	3	4	5	6	7	8	9	10	11	12	13	14	15	16	17	18	19	20	21	22	23

Writing

Exercise 4

Quelle carrière aimerais-tu faire ? Quelles sont les compétences nécessaires pour ce travail ? As-tu besoin des pour faire cela ?

Ecris 120–150 mots en français pour exprimer tes idées.

Gap year

Vocabulaire

Français	Anglais
une année sabbatique	a gap year
du bénévolat	voluntary work
élargir son horizon	to broaden one's horizons
faire du tourisme	to go sightseeing
voyager en routard	to go backpacking
une expérience enrichissante	an enriching experience
ouvrir son esprit	to open one's mind
apprendre une nouvelle langue	to learn a new language
faire le tour du monde	to go round the world
faire du bénévolat	to work as a volunteer
se créer de bons souvenirs	to make good memories
découvrir ses capacités	to discover one's abilities

Reading

Read the following text about taking a gap year and answer the questions which follow.

Pourquoi prendre une année sabbatique ?

Bénévolat, voyage, nouvelle formation, loisirs … L'année sabbatique englobe toutes les activités pour lesquelles on décide de mettre, pour un temps, son emploi ou sa formation de côté. Particulièrement prisée des jeunes, à la fin d'une formation professionnelle ou entre deux cycles d'études, sa durée varie, mais elle dure souvent une année.

Tu n'as qu'une hâte : faire une pause dans tes études et t'aérer l'esprit, ou bien tu veux réfléchir à l'orientation que tu souhaites donner à ton parcours universitaire.

Prendre une année sabbatique est tentant pour beaucoup de monde, car on a plus de temps pour soi, plus de temps pour sortir et aussi, il est vrai, plus de temps pour décompresser et se reposer. Cependant, il faut faire attention. Si l'on prend une année sabbatique, on doit bien la planifier à l'avance, sinon quelques mois ou même une année peuvent s'écouler sans que nous ayons mis à profit ce temps libre, et on le regrette ensuite amèrement.

Quelle est son utilité ?

Ce n'est pas pour rien que l'année sabbatique est encouragée dans certaines écoles : en effet, elle sert à acquérir de l'expérience par les stages ou les emplois.

Il y a plusieurs raisons pour lesquelles on peut choisir cette option, mais cela dépend en premier lieu des besoins et des souhaits de chaque individu. Cette coupure peut servir à en savoir plus sur les études que l'on veut faire ou le métier que l'on veut exercer. Partir à l'étranger est une option intéressante pour apprendre à mieux se connaître soi-même et à mieux connaître les autres. Certains programmes encouragent les départs à l'étranger hors études. Le programme « vacances-travail » permet de travailler dans certains pays pendant une durée d'un an. Effectuer un stage à l'étranger peut aussi être un bon moyen d'apprendre vite et de se créer un réseau social et professionnel. Mais attention : partir en dehors des études n'est pas chose aisée car il faut s'occuper des procédures administratives, sans compter que les aides financières sont moins faciles à obtenir. Une autre possibilité consiste à partir comme jeune fille (et jeune garçon aussi !) au pair, ce qui permet d'être nourri et logé gratuitement : cela reste l'une des solutions les plus économiques. Pratiquer des activités de volontariat peut aussi permettre de se rendre dans des pays lointains et mystérieux, même si on peut également faire le choix de rester en France. En bref, les activités sont nombreuses.

En conclusion, un séjour à l'étranger permet d'apporter un plus non négligeable sur son CV grâce à la maîtrise d'une langue étrangère et permet un enrichissement personnel, que ce soit par la découverte de nouvelles cultures ou par celle du fonctionnement d'une entreprise à l'étranger.

Prendre une année sabbatique n'est pas forcément synonyme de flemmardise si l'on a vraiment l'envie d'en faire quelque chose. Organise-toi à l'avance et planifie ton programme en fonction de ce que tu veux apprendre pendant cette pause.

Questions

1. At the beginning of the article, the author mentions reasons why people take a gap year. Mention any three.
2. Who usually takes a gap year and when?
3. Why are gap years recommended?
4. Why do you have to be careful?
5. What advantages does going abroad bring?
6. What do you have to be careful of?
7. What are the advantages of working as an au pair?
8. What can working abroad bring to your CV?
9. Translate the underlined section into English.

Listening

Exercise 2

Listen to Alain speak about his gap year in Glasgow. Answer the following questions in English.

1. Why did Alain decide to take a gap year?
2. Where did he work in Glasgow?
3. What advantages did he see of working in Glasgow?
4. What did his parents think of this idea?
5. How did he get on with his colleagues? What examples does he give?
6. What did he think of Glasgow?
7. What does he think of his decision now that he is back in France?

Writing

Exercise 3

Quels sont les avantages et les inconvénients d'une année sabbatique ? Est-ce que tu as l'intention de vivre dans un autre pays ? Si tu le pouvais, où aimerais-tu aller ?

Ecris 120–150 mots en français pour exprimer tes idées.

Work and CVs

Work experience

Vocabulaire

Exercise 1

Match the French with the English.

1. *un stage*
2. *un CV*
3. *une lettre de motivation*
4. *un entretien*
5. *le salaire*
6. *postuler à*
7. *une annonce*
8. *une offre d'emploi*
9. *gagner*
10. *le patron*

a. the boss
b. an interview
c. a CV
d. a job advert
e. to earn/win
f. a job offer
g. salary/wages
h. to apply for
i. a letter of application
j. work experience

Reading

Exercise 2

A quoi sert un stage ?

Les stages prennent de plus en plus d'importance dans la vie des élèves. Depuis des années, les collèges travaillent en collaboration avec les entreprises locales pour offrir aux élèves un aperçu du monde du travail.

Les avantages d'un stage sont nombreux

1. *On observe un métier qu'on ambitionne d'exercer plus tard.*
2. *On découvre le monde du travail, un monde très différent du collège.*
3. *On apprend à s'intégrer dans un groupe de collègues.*
4. *On apprend à communiquer de façon professionnelle, oralement et par écrit.*
5. *On met en pratique la théorie apprise en classe dans un vrai travail qu'on vous a confié.*
6. *On parfait ses connaissances et on en acquiert de nouvelles.*
7. *On utilise de nouvelles techniques ou de nouveaux outils de travail.*
8. *On comprend mieux les exigences, les attentes ou les réglementations d'un employeur.*
9. *On noue des contacts avec des professionnels qui peuvent vous conseiller.*
10. *On valorise cette première expérience professionnelle dans la suite de son parcours.*

Work with a partner. In the text above, there are ten advantages of doing work experience. Work with a partner and rank them in order of importance, starting with what you think is the most important.

Grammaire

Révision : passé composé with avoir

The **passé composé** is a past tense used in French to speak about a completed action or event which happened at a particular point.

There are three parts to the *passé composé*:

Subject (noun/pronoun)	Auxiliary verb (*avoir/être*)	Past participle
je	*ai*	*parler* +é → *parlé*
tu	*as*	
il/elle/on/Marie	*a*	*finir* +i → *fini*
nous/Thomas et moi	*avons*	
vous	*avez*	*vendre* +u → *vendu*
ils/elles/Marie et Thomas	*ont*	

The past participle of regular verbs is formed by removing the infinitive endings and adding -é, –i or –u.

J'ai parlé au patron hier. – I spoke to the boss yesterday.
Elle a fini son travail. – She finished her work.
Ils ont vendu des fruits au marché. – They sold fruit at the market.

Exercise 3

Find the past participles of the following verbs:

1. *travailler*
2. *entendre*
3. *choisir*
4. *gagner*
5. *embaucher*
6. *répondre*
7. *réfléchir*
8. *réussir*
9. *démissionner*
10. *bâtir*
11. *attendre*

Exercise 4

Complete these sentences using the *passé composé* and translate into English.

1. *J'_____ (travailler) dans une école primaire.*
2. *Il _____ (choisir) d'apprendre le français.*
3. *Nous _____ (chercher) un travail sur Internet.*
4. *Ils _____ (répondre) au téléphone.*

5. Tu _____ (gagner) beaucoup d'argent.
6. Vous _____ (entendre) ce bruit ?
7. Elle _____ (bâtir) une maison.

There are a number of infinitives which do not follow the pattern and whose past participles must be learned separately.

Exercise 5

Copy and complete the table. You may need to use your dictionary to help you.

Past participle	Meaning	Infinitive	Past participle	Meaning	Infinitive
bu	drank, drunk	boire	pris		
connu			appris		
cru			compris		
dû			surpris		
eu			mis		
lu			écrit		
pu			dit		
reçu			conduit		
su			fait		
vécu			ouvert		
voulu			offert		
vu			été		

Exercise 6

Translate the following sentences into French using the *passé composé*.

1. I read a book last night.
2. He drank a coffee this morning.
3. They received a good salary.
4. We wrote emails.
5. She understood the instructions.
6. Yesterday, I had to take the train.

TOP TIP!

Remember, when using the negative in the passé composé, the *ne ... pas* surrounds the auxiliary verb only.
e.g. *Je n'ai pas travaillé le week-end.*

Listening

Listen to young people talk about their work experience, and answer the questions which follow.

Benoît

1. Where did Benoît do his work experience?
2. For how long?
3. What did he say about the school day?
4. What were his tasks?
5. What did he find interesting?
6. Why does he think it is important to do work experience?

Agathe

7. Agathe worked at a vet. Why was this perfect for her?
8. What were her tasks?
9. What did the vet do at the end of her work experience?

Pauline

10. Where did Pauline work?
11. Why did she prefer her work experience to school?
12. What does she say about her colleagues?
13. What tasks did she have to do?

Talking

Interview a partner about their work experience. Some questions you could ask them include:

- *Où as-tu fait ton stage ?*
- *Combien de temps a-t-il duré ?*
- *Qu'est-ce que tu devais faire ?*
- *Tu t'es bien entendu avec tes collègues ?*
- *C'était comment ?*
- *Qu'est-ce que tu voudrais faire à l'avenir ?*

Writing

Où as-tu fait ton stage ? Qu'est-ce que tu devais faire ? Tu t'es bien entendu(e) avec tes collègues ?
Ecris 120–150 mots en français pour exprimer tes idées.

Preparing for a job interview

Reading

Read the following CV and complete the tasks below.

Curriculum vitae

Michael MARTIN
36, rue de la Paix
75002 Paris
France
michael.martin@email.fr
01 00 00 00 00
06 00 00 00 00
www.monsite.com

Formation
2015–2018
Licence professionnelle en alternance

• *J'effectue cette formation en alternance au sein de la Société française de biologie clinique*

2014–2015
Baccalauréat scientifique option Sciences de la vie et de la Terre

• *Lycée Charles de Gaulle – Paris*

2013–2014
Brevet des collèges, obtenu avec la mention bien en 2014

• *Collège Voltaire – Paris*

2013
Attestation de formation aux premiers secours, obtenue en 2013

Expériences professionnelles
Depuis septembre 2013
Travail à temps partiel : secrétaire

• *je réponds au téléphone et renseigne les clients*
• *je classe des documents*
• *je rédige des lettres*

juin 2013 – août 2013
Employé : serveur dans un petit café pendant l'été

• *j'ai servi les clients*
• *j'ai été au contact du public*
• *j'ai encaissé de l'argent*

mars 2013
Stage dans une agence de voyage

- *j'ai aidé les clients à choisir une destination*
- *j'ai répondu aux questions des clients*
- *j'ai classé des dossiers*

Compétences clés
Bonne maîtrise des matières scientifiques et des langues.
Bon niveau en travaux pratiques.
Maîtrise d'Internet et des logiciels Excel, Word et PowerPoint

Langues
Anglais : lu, écrit et parlé
Espagnol et italien : lu, écrit, compréhension orale.

Centres d'intérêt
Vie associative
Je fais du foot dans une association sportive de mon quartier.

Temps libre
J'aime la lecture et faire des promenades.
Je fais du karaté deux fois par semaine.

Find the French for:

1. training
2. professional bachelor's degree
3. obtained
4. good pass
5. first aid
6. command
7. programmes.

Find t
1. to
2. tra
3. as
4. ex
5. to
6. ca

Exercise 2

Answer the following questions in English.

1. What is so special about Michael's degree?
2. What did he specialise in for his *bac*?
3. What were his three jobs?
4. What were his main tasks? Mention any five.
5. What information does he give about his hobbies and interests?

Writing

Exercise 3

Use the model above to write a CV for yourself in French. You can invent the information if you have nothing to write.

Listening

Exercise 6

Listen to Maurice give you advice about preparing for an interview, and complete the text which follows. Choose from the box below to help you.

La préparation à un 1._____ d'embauche est très importante. Il faut vous préparer, encore et encore. Indépendamment de votre 2._____, de vos 3._____ et de votre CV, la préparation à l'entretien est décisive, c'est ce qui vous distingue des 4._____.

Postuler peut sembler impossible. En quelques minutes, il faut 5._____ quelqu'un que vous n'avez jamais vu auparavant que vous êtes le 6._____ et qu'il faut qu'il vous donne 7._____ de le prouver. Les chances de 8._____ augmentent proportionnellement à la qualité de la préparation.

Postuler est un travail en soi. Préparez-vous à l'entretien d'embauche en général. Etablissez des listes de ce que vous allez dire, écrivez des scénarios et faites un jeu de rôle avec quelqu'un qui est disposé à 9._____ son temps dans votre 10._____.

Demandez-vous tout ce qui peut avoir lieu pendant l'entretien et rédigez des listes de questions possibles.

Voici celles qu'on vous posera presque à coup sûr :

- Quelles sont vos prétentions salariales (=Combien voulez-vous 11._____) ?
- Quelles sont vos 12._____ ?
- Où vous voyez-vous dans 13._____ ans ?
- Pourquoi faut-il que je vous choisisse plutôt que quelqu'un d'autre ?
- Avez-vous encore des 14._____ ?

Préparez une réponse construite et adaptée à chacune de ces questions. Faites aussi une liste des sujets que vous souhaitez 15._____ et réfléchissez à la façon de les intégrer dans l'entretien.

> questions   formation   entretien   avenir   gagner   meilleur   cinq
> l'opportunité   réussite   investir   qualités   aborder   ambitions
> convaincre   concurrents

Maurice mentions five questions that you will certainly come across. What are these five questions ?

Writing

Exercise 7

Que fait-on avant de se rendre à un entretien d'embauche ? Quelles sont tes qualités ? Quelle serait ta carrière idéale ?

Ecris 120–150 mots en français pour exprimer tes idées.

Job opportunities

Listening

Complete the following text with the missing numbers.

Les jeunes et le métier idéal

1. _____% des jeunes estiment qu'il est important d'exercer un métier qui les passionne.

Quel serait votre métier idéal ?

Un métier qui permet avant tout …

2. _____% … d'effectuer des tâches variées, non répétitives
3. _____% … d'être utile à la société et à son fonctionnement
4. _____% … de créer, d'innover
5. _____% … d'aider les autres, les personnes en difficulté
6. _____% … d'être indépendant, d'être votre propre chef
7. _____% … d'avoir des responsabilités
8. _____% … de voyager beaucoup
9. _____% … de créer quelque chose de ses mains, un objet concret
10. _____% … de prendre des risques

Dans l'idéal, dans quel type d'entreprise souhaiteriez-vous travailler ?

Dans une entreprise …

11. _____% … de moins de 20 personnes
12. _____% … de 20 à 999 personnes
13. _____% … multinationale
14. _____% … de plus de 1000 personnes
15. _____% … des jeunes estiment qu'il est envisageable, avec un peu de chance, de trouver un emploi qui correspond à leur métier idéal
16. _____% … estiment que c'est facile
17. _____% … que c'est impossible

Reading

Exercise 2

Rank the following reasons from most to least important for you. Compare your answers with a partner.

Un métier qui permet avant tout …
… d'effectuer des tâches variées, non répétitives
… d'être utile à la société et à son fonctionnement
… de créer, d'innover
… d'aider les autres, les personnes en difficulté
… d'être indépendant, d'être votre propre chef
… d'avoir des responsabilités
… de voyager beaucoup
… de créer quelque chose de ses mains, un objet concret
… de prendre des risques

Translation

Exercise 3

Translate the following phrases into English.

1. *Ecoutez vos envies, partagez vos projets et réalisez vos rêves !*
2. *Je me suis beaucoup investi dans les spectacles de fin d'année.*
3. *Mes amis peuvent compter sur moi.*

Unit 4: Culture

In this unit, we will explore a wide range of topics on culture. You will be able to develop your skills in talking, writing, reading and listening. Here is a list of topics that we will cover over the course of this unit.

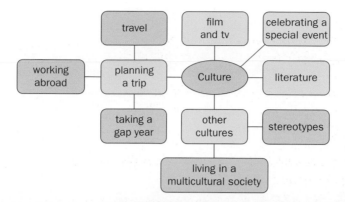

Planning a trip

Taking a gap year

Vocabulaire

Français	Anglais
acquérir de l'expérience	to get experience
élargir son horizon	to broaden one's horizons
prendre de l'assurance	to become more confident
s'initier aux langues des autres	to learn other people's languages
se faire de nouveaux amis	to make new friends
connaître une autre partie du monde	to get to know another part of the world
devenir plus indépendant(e)	to become more independent
améliorer ses possibilités professionnelles	to better your job prospects
apprendre de nouvelles compétences	to learn new skills
aider les autres	to help others
partir pour une aventure	to have an adventure

Reading

Exercise 1

Read the following text and complete the exercises which follow.

Pourquoi prendre une année sabbatique à l'étranger ?

Un petit voyage après le bac, à la fin de tes études au lycée … Et si cette envie de faire un petit voyage se transformait en une année sabbatique à l'étranger ? Partir à l'étranger, découvrir le monde et te découvrir toi-même !

***Pour se donner du temps :** parce que parfois la vie est tout simplement trop rapide. Prendre une année sabbatique à l'étranger, c'est prendre le temps de réfléchir au sens que l'on veut donner à sa vie, à ses priorités, à ses envies, et tout examiner pour repartir du bon pied.*

***Pour mieux se connaître soi-même :** prendre une année sabbatique permet de faire un vrai voyage intérieur et de découvrir sa vraie personnalité. C'est aussi pour cela que partir à l'étranger est particulièrement enrichissant, car cela te permet de te détacher de ta routine dans un environnement inconnu. Tes choix, tes réflexes, tes questions t'aideront à mieux te connaître et mieux appréhender le monde qui t'entoure.*

***Pour se sentir libre :** voyager, sans être pris par le temps, c'est un peu comme se laisser pousser des ailes – pas d'itinéraire tout tracé, juste le plaisir d'arriver quelque part, de profiter de la vie et de repartir ailleurs où le coeur t'en dit.*

***Pour gagner en expérience :** prendre une année sabbatique à l'étranger, c'est aussi faire face à ses choix, savoir trancher et se prendre en main pour que cette année ait un sens, non seulement à tes yeux mais aussi aux yeux des autres. Tu en ressortiras grandi et tu auras forgé ta propre personnalité à travers tes diverses expériences (voyages, travail, rencontres …).*

Pour faire des rencontres : pas toujours facile de se construire un réseau à l'étranger quand on est jeune ... prendre une année sabbatique à l'étranger te permettra de faire la connaissance de nombreuses personnes et même de construire de vraies amitiés !

1. What five reasons does the writer give for taking a gap year?
2. Find the French for the following expressions:
    a. to take a gap year
    b. to go abroad
    c. time to reflect
    d. to start afresh
    e. enriching
    f. to break away from your routine
    g. to understand the world around you
    h. to spread your wings
    i. to go wherever you want
    j. to deal with choices
    k. to build a network abroad
    l. friendships

Answers to all exercises are available to download from the Leckie & Leckie website. Go to www.leckieandleckie.co.uk/higherfrench

Grammaire

Prepositions of place: *à* and *dans*

We use the preposition *à (à la, au, aux)* :
- with names of cities and quartiers
  à *Paris*, à *Montmartre*
- with masculine countries of islands with masculine or plural articles
  au *Japon*, aux *Pays-Bas*, au *Sri Lanka*, aux *Seychelles*
- with islands without articles, we use *à*
  à *Malte*, à *Cuba*
- in expressions
  à *la campagne*, à *la montage*, à *la mer*
- with modes of transportation which are not 'closed'
  à *pied*, à *vélo*, à *moto*
- and also
  à *l'école*, au *cinéma*, au *restaurant*

> We use the preposition *dans* :
> - with names of regions preceded by *le/les*
>   **dans le Périgord, dans les Pouilles**
> - with the names of *départements* or *arrondissements*
>   **dans la Creuse, dans le 7ᵉ arrondissement**
> - with the names of mountains
>   **dans les Alpes, dans le Jura**
> - with common nouns which indicate a place is limited by walls or borders
>   **dans une boîte, dans la salle de réunion, dans la rue, dans la ville (houses limit the roads and towns)**
> - as well as
>   **dans un livre, dans le journal**

Exercise 2

Complete the following sentences with **à**, **au** or **dans**. Translate them into English.

1. *Nous partons en vacances _____ Djerba.*
2. *On peut réserver une table _____ restaurant pour ton anniversaire.*
3. *Louis aime faire des randonnées _____ le Massif Central.*
4. *Je dois aller _____ la banque.*
5. *Vous aimeriez vivre _____ la campagne ?*
6. *Les loyers sont chers _____ le 16ᵉ arrondissement de Paris.*
7. *En août, il y a moins de monde _____ les rues de Paris.*
8. *_____ quel département de trouve Lyon ?*
9. *On parle français _____ Maroc.*
10. *Tes clés sont _____ ton sac.*

Listening

Exercise 3

Listen to Pascal talk about his recent gap year. Answer the following questions in English.

1. When did Pascal take his gap year?
2. What did he do to fund his gap year?
3. In what way did his parents react?
4. Where did he go?
5. Why did he go?
6. What does he say about his plan?
7. Where did he stay?
8. What did he like most?
9. What did he do during his time away?
10. What are his feelings now that he is home?

Audio tracks and transcripts to support all listening exercises are available to download from the Leckie & Leckie website. Go to www.leckieandleckie.co.uk/higherfrench

Writing

Exercise 4

Est-ce que tu as déjà été à l'étranger ? Quels sont les avantages d'une année sabbatique ? Si tu pouvais aller n'importe où dans le monde, où aimerais-tu aller ?

Ecris 120–150 mots en français pour exprimer tes idées.

Working abroad (mobility)

Vocabulaire

Français	Anglais
le citoyen	citizen
la mobilité	mobility
la bourse	grant
l'assurance	insurance/self-confidence
la libre circulation	free movement
le pays d'accueil	host country

Reading

Exercise 1

Read the following text on working abroad and answer the questions which follow on page 110.

Libres de travailler

En tant que citoyen européen, on peut travailler ou étudier dans n'importe quel pays de l'Union européenne, mais également en Norvège, en Islande, au Liechtenstein et en Suisse. Pas besoin d'un permis de travail, il suffit de le vouloir. Le principe de libre circulation instauré par l'Union européenne te garantit les mêmes conditions de travail et les mêmes avantages sociaux et fiscaux que les nationaux du pays d'accueil.

La mobilité des jeunes constitue un outil important pour forger le sentiment d'appartenance à l'Europe, favoriser l'insertion sociale et professionnelle et garantir la compétitivité de l'économie européenne.

Il y a d'autres avantages : acquérir de nouvelles compétences, élargir son horizon, perfectionner son niveau dans une langue étrangère, gagner en assurance – on ne le dira jamais assez, une expérience de travail à l'étranger est enrichissante à tous points de vue et ... accessible à tous !

En ce moment, à cause de la crise économique qui touche la plupart des pays européens (en particuliers les pays méditerranéens), beaucoup de jeunes cherchent du travail ailleurs. La France, l'Allemagne et le Royaume-Uni accueillent le plus grand nombre de migrants et d'étudiants. Anaïs, 22 ans, étudiante à l'Université de Toulouse, est partie étudier pendant un an à Cologne en Allemagne. « J'ai voulu partir un an à l'étranger pour ajouter un « plus » à mon CV. Grâce à Erasmus, j'ai obtenu une bourse pour financer mon voyage et j'étais prioritaire pour avoir une chambre en résidence étudiante. En Allemagne, ma formation n'avait pas de nom spécifique. Je devais la créer moi-même en piochant dans les cours que je jugeais utiles. J'avais un cahier des charges que je devais respecter (suivre des cours

Continues over page

d'économie, de traduction, de géopolitique, de civilisation …) pour pouvoir valider ma licence. J'ai appris à vivre loin de mes amis et de ma famille tout en réussissant à m'intégrer à un nouvel environnement. <u>Je sais à présent que je peux tout à fait déménager à l'autre bout de la planète si mon employeur me le demande. Si tu as l'occasion de partir avec Erasmus, fais-le. C'est très facile. Tu pourras alors « vivre l'Europe », cette Europe que certains qualifient de néfaste ou d'inexistante. Je peux le dire : l'Europe existe bien, pour qui fait ces échanges !</u> »

Questions

1. What can you do as a European citizen?
2. What does the principle of free movement guarantee you?
3. Why is the mobility of young people considered to be an important tool?
4. What other advantages are there of going abroad?
5. Why are many people currently looking for work in other countries?
6. Anaïs spent time studying in Germany. Why did she want to do this?
7. What help did she receive from Erasmus?
8. What did she have to do to make sure her degree was valid?
9. What did she learn?
10. Translate the underlined section into English.

Grammaire

Révision : passé composé with *être*

Like the passé composé with avoir, there are three parts to this construction.

Subject (noun/pronoun)	Auxiliary verb (*avoir/être*)	Past participle
je	*suis*	*monter* +é → *monté(e)(s)*
tu	*es*	
il/elle/on/Marie	*est*	*partir* +i → *parti(e)(s)*
nous/Thomas et moi	*sommes*	
vous	*êtes*	*descendre* +u → *descendu(e)(s)*
ils/elles/Marie et Thomas	*sont*	

The past participle of the 'être' verbs must agree with the gender and the number of the subject, by adding the following endings:

	Singular	**Plural**
Masculine	-	+s
Feminine	+e	+es

Je suis allé à Paris. – I went to Paris.
Elle est devenue médecin. – She became a doctor.
Ils sont nés en décembre. – They were born in December.

There are only sixteen verbs in French which take être as an auxiliary verb. These can be remembered using DR MRS VANDERTRAMP, as shown in the table in Exercise 2. Note that most of these past participles are regular!

Complete the table.

Infinitive	Meaning	Past participle	Example
Devenir	to become	*devenu(e)(s)*	*je suis devenu*
Rester			*tu*
Monter			*il*
Retourner			*elle*
Sortir			*on*
Venir		*venu(e)(s)*	*nous*
Arriver			*vous*
Naître		*né(e)(s)*	*ils*
Descendre			*elles*
Entrer			*nous*
Rentrer			*tu*
Tomber			*je*
Revenir		*revenu(e)(s)*	*elle*
Aller			*vous*
Mourir		*mort(e)(s)*	*il*
Partir			*elles*

Note:
- All reflexive verbs use *être* as an auxiliary verb – *je me suis entendue avec mes collègues.* – I got on well with my colleagues.
- In negative constructions the *ne ... pas* surround the auxiliary verb and direct objects, e.g. *Je ne suis pas allé au supermarché.* – I didn't go to the supermarket. *Elle ne s'est pas levée tôt ce matin.* – She didn't get up early this morning.

Complete the sentence using the correct part of *être* and the past participle.

1. *Il _____ (partir) en car à 5 heures du matin.*
2. *Ce matin, les petites filles _____ (s'amuser) avec Sabine.*
3. *La semaine dernière, Pierre _____ (tomber) de son vélo.*
4. *Marie _____(ne pas se réveiller) de bonne heure ce matin.*
5. *Anne et sa soeur _____ (venir) nous voir mardi dernier.*
6. *Mon frère et moi _____ (arriver) en retard.*
7. *Lucie _____ (tomber) dans les escaliers ce matin.*
8. *Hier, Hélène et sa mère _____ (ne pas aller) au marché.*
9. *Ils _____ (rentrer) de vacances hier soir.*

Translate into French.

1. Ariane went to Switzerland during the Christmas holidays.
2. They (*f.pl.*) returned late last night.
3. She came to Italy to see the sights.
4. My mum was born in the Caribbean.
5. I entered the shop.
6. We arrived at the airport on time.
7. I went to the USA to do a gap year.

Listening

Listen to the report on mobility and answer the following questions in English.

1. Why are more and more young Europeans going abroad?
2. How many students benefited from an Erasmus grant last year?
3. Why can Europeans move easily within the European Union?
4. What other factor is contributing to the large numbers of migrants?
5. There are many advantages of going abroad. What are these?
6. According to a recent survey, there are also disadvantages. What are these?
7. Students have the possibility of studying at a partner university. What are the benefits of such an experience?

Writing

Pourquoi les gens quittent-ils leur pays pour trouver un emploi ? Quelles sont les difficultés du travail à l'étranger ? Aimerais-tu vivre dans un autre pays ?

Ecris 120–150 mots en français pour exprimer tes idées.

Travel

Vocabulaire

Français	Anglais
partir en vacances	to go on holiday
les vacances de la Toussaint	October holidays
les vacances d'été, d'hiver	summer/winter holidays
un séjour	a stay
loger dans un appartement	to stay in an apartment
l'auberge de jeunesse	youth hostel
louer une voiture	to rent a car
les spécialités régionales	regional specialities
la gastronomie	gastronomy
flâner	to stroll
le paysage	countryside/landscape

Exercise 1

Match the vocabulary to the holiday destination.

1. la station de ski
2. la station balnéaire
3. la découverte d'une ville
4. le safari
5. la croisière
6. à la campagne

a. la plage, la piscine, le sable, se baigner, la vague
b. les animaux, l'Afrique, le guépard, le parc national
c. le bois, le champ, le mouton, une randonnée
d. la montagne, la piste, le moniteur, la neige
e. les attractions touristiques, les magasins, les restaurants
f. l'océan, le port, la cabine, la bouée de sauvetage

Reading

Read the following text about La Rochelle.

La Rochelle

Située au bord de l'océan Atlantique, face à l'île de Ré, La Rochelle est la perle de la région Poitou-Charentes.

Celle que nos voisins britanniques surnomment souvent la « ville blanche » attire aussi bien les amateurs de grand air que les amoureux de vieilles pierres. Les premiers profiteront, à pied ou à vélo, des longues promenades aménagées et de la brise marine revigorante. Les seconds se perdront dans le coeur historique de la ville et flâneront volontiers le long de ses ruelles aux noms évocateurs d'un passé aussi prestigieux que tumultueux. Enfin, La Rochelle séduira les fins gourmets, prêts à découvrir un terroir riche et authentique où la mer a naturellement toute sa place. Alors, qui que vous soyez, venez faire le plein d'air iodé !

Find the French for:

1. situated at
2. the jewel in the crown
3. neighbours
4. attracts
5. lovers
6. sea breeze
7. the historic heart
8. will stroll
9. lanes
10. sea air.

Listening

Listen to Arnaud speak about his holidays.

1. When did Arnaud and his family go on holiday?
2. Where did they go?
3. How long did they stay for?
4. He shared a room with his brother. What did they do before going to bed?
5. What did they do in the morning?
6. What other activities were on offer?
7. How did he feel after a day of skiing?
8. What happened to him one day?
9. Why does he enjoy spending time with his family?
10. Where would he like to go next year and why?

Grammaire

Passé composé vs imparfait

There are no one-to-one word translations of these tenses and you have to learn how each is used. Here is a list of the main rules for each tense.

Imparfait	Passé composé
Description of a situation (weather, countryside, person) in the past. Example : ***Il faisait un temps épouvantable au bord de la mer.***	An event which took place suddenly in the past. Example : ***J'ai reçu un appel.***
The unfolding of a situation in the past. Example : ***Ils passaient leurs journées à l'intérieur !***	To talk about an action done in the past. Example : ***L'année dernière, j'ai passé mes vacances en bord de Loire.***
A repeated event in the past. Example : ***Souvent, je m'arrêtais pour parler avec les villageois.***	A single completed action that took place in the past. Example : ***J'ai fait une randonnée à vélo.***
Actions that happened simultaneously in the past. Example : ***Donc, pendant que je pédalais, ils étaient sûrement assis sur le sable.***	A list of successive actions. Example : ***J'ai raccroché et j'ai ri.***
Highlights that an action lasted a certain amount of time before a new action is introduced in this period of time. Example : ***Mais un jour, pendant que je parlais avec un agriculteur, j'ai reçu un appel.***	Indicates a change of a given situation and introduces a new action. Example : ***Mais un jour, pendant que je parlais avec un agriculteur, j'ai reçu un appel.***

Time phrases give you a clue as to which tense to use; here are some of the most common ones.

imparfait	passé composé
tous les jours	soudain
chaque fois	tout à coup
toujours	à ce moment-là
ne … jamais	en 2014
souvent	hier
le lundi	l'année dernière
d'habitude	ensuite
quelquefois	puis
	après
	alors

Exercise 4

Decide whether the following sentences are in the *imparfait* or the *passé composé*. Justify your answer.

1. *Quand il faisait froid, il n'oubliait pas de mettre ses gants sur la cheminée.*
2. *Il a mis ses gants sur la cheminée en rentrant du travail.*
3. *J'ai fait du ski dans les Alpes l'année dernière.*
4. *Quand j'avais 15 ans, j'habitais à Paris.*

Exercise 5

Conjugate the verb in brackets. Decide whether you need the *imparfait* or the *passé composé*.

> L'année dernière, je/j' _____ (passer) mes vacances en bord de Loire. Je/J' _____ (faire) une randonnée à vélo. Tous les matins, je/j' _____ (reprendre) la route et chaque jour, je/j' _____ (traverser) plusieurs villages. Souvent, je/j' _____ (s'arrêter) pour parler avec les villageois.
>
> Mes amis _____ (préférer) passer leurs vacances au bord de la mer. Donc, pendant que je/j' _____ (pédaler), ils _____ (être) sûrement assis sur le sable.
>
> Mais un jour, pendant que je/j' _____ (parler) avec un agriculteur, je/j' _____ (recevoir) un appel. Mes amis m' _____ (appeler) pour me dire qu'il _____ (faire) un temps épouvantable au bord de la mer. Ils _____ (passer) leurs journées à l'intérieur ! Je/J' _____ (raccrocher) et je/j' _____ (rire).

Exercise 6

Translate exercise 5 into English.

Writing

Exercise 7

Est-ce que tu aimes voyager ? Quel genre de vacances préfères-tu ? Préférerais-tu partir en vacances avec tes parents ou tes amis ?

Ecris 120–150 mots en français pour exprimer tes idées.

Other cultures

Living in a multicultural society

Vocabulaire

Français	Anglais
la diversité culturelle	cultural diversity
une minorité ethnique	ethnic minority
le mélange	mix
s'intégrer	to integrate
l'intégration	integration
une société multiculturelle	a multicultural society
l'identité nationale	national identity

Reading

Exercise 1

Read the following text about a multicultural area of Paris.

Belleville, les multiples visages de Paris

Belleville n'est pas un quartier typiquement français. Pas du tout. Les habitants de Belleville le décrivent comme un grand appartement où chacun a sa chambre. C'est une grande communauté avec 35,000 habitants de plus de soixante nationalités différentes. Beaucoup de gens aiment Belleville parce qu'il y a ce côté multiculturel et parce que l'ambiance y est très bonne. A Belleville, « on voit défiler le monde entier ». Des Africains, des Algériens, des Tunisiens, des Polonais, des Arméniens, des Vietnamiens, des Chinois, etc. On dirait que chaque pays du monde a ses représentants ici. Les boutiques sont aussi multiculturelles. Il y a aussi des gens qui pensent que Belleville est un quartier très dangereux, mais ce sont des personnes qui ne vivent pas ici et qui n'ont jamais été à Belleville. Etre à Belleville, c'est comme vivre partout à la fois.

Au début, Belleville était un petit village près de Paris. Une commune libre, peuplée de petits propriétaires. Pendant la révolution industrielle, Belleville est passée de 2,000 à 60,000 habitants. Il y avait beaucoup de criminels. En 1860, Belleville a été annexée à Paris.

Continues over page →

Pendant la Commune de Paris, en 1871, il y a eu des émeutes à Belleville. Il y a eu beaucoup de morts ; le socialisme et l'anarchie dominaient. Des corporations d'ouvriers se sont formées et, après la Première Guerre mondiale, les ouvriers ont quitté Belleville pour la banlieue. Les immigrés ont pris leur place et cela a continué jusqu'à maintenant. Aujourd'hui, le nombre de Français de souche à Belleville est faible.

Pendant notre promenade, nous avons vu quelques rues en mauvais état ...

Le boulevard Barbès-Rochechouart ...

A la sortie de «notre» station de métro Barbès-Rochechouart, la foule est là et se presse chez «Tati», dont le rose et le blanc se voit de loin. C'est un très grand magasin et le moins cher de la capitale. Ce sont surtout des Africains et des Maghrébins qui y achètent leurs vêtements. Quelques jeunes femmes de notre groupe ont même essayé une robe de mariée ... Chez «Tati», c'est comme un labyrinthe. Beaucoup de rayons avec beaucoup de choses. Je ne peux pas le décrire, c'est hallucinant. Et il y a des Africains partout.

... et la Goutte d'Or

La Goutte d'Or, un peu plus loin en remontant le boulevard Barbès, tire son nom du vin que l'on y produisait jusqu'au XIXe siècle. C'est une rue ou plutôt un quartier parisien aux accents métissés où l'on peut trouver toutes sortes de choses. On peut y découvrir des plats aux saveurs étranges, acheter des tissus africains, de la graine de couscous, des bracelets dorés, bref : tout ce qu'on veut. On peut visiter des musées très insolites. Les immigrés d'Afrique noire viennent de banlieue et de province pour acheter des feuilles de bananes fraîches dont ils ont besoin pour cuisiner. C'est un peu comme à Belleville, la Goutte d'Or est un monde singulier.

Find the French for:

1. a district
2. the inhabitants
3. a community
4. the atmosphere
5. the entire world
6. landlord
7. the Industrial Revolution
8. suburbs.

Exercise 2

Answer the following questions in English.

1. Belleville is not a typical Parisian district. In what way do the residents describe the district?
2. How many nationalities live in Belleville?
3. Why do many people like the district?
4. Belleville used to be very different. What information about the history of the town does the author provide?
5. What is *Le boulevard Barbès-Rochechouart* like?
6. What types of things can you find at la Goutte d'Or?
7. Translate the underlined section into English.

Listening

Exercise 3

Listen to Claire talk about Switzerland and answer the questions below.

1. Geneva is a diplomatic city in Switzerland. Where exactly is Geneva located?
2. Since when has Switzerland been a country of immigration?
3. How many official languages are there in Switzerland?
4. Why is there a large number of immigrants and foreigners in Geneva?
5. What does she like about the city?
6. According to Claire, what are the advantages of living in a multicultural society?
7. In what way do foreigners enrich Swiss culture?

Writing

Exercise 4

Est-ce que ton pays est multiculturel ? Quels sont les avantages du multiculturalisme ? Selon toi, quelles sont les freins à l'intégration ?

Ecris 120–150 mots en français pour exprimer tes idées.

Stereotypes

Vocabulaire

Exercise 1

Complete the table with the English words for these terms.

Français	Anglais
le racisme	
être raciste	
la discrimination	
les étrangers	
l'homophobie	
la xénophobie	
l'égalité des chances	
un préjugé	
la haine	
l'exclusion	
lutter contre	
le harcèlement	
les insultes	
la laïcité	

Talking

Exercise 2

With a partner, discuss the following question.

Quels sont les stéréotypes des nationalités suivantes ?

Anglais	Chinois	Allemand	Japonais
Français	Australien	Américain	Italien

Adjectifs utiles

réservé	arrogant	travailleur	discipliné
froid	sympathique	fainéant	honnête
chaleureux	émotif	sportif	facile à vivre
caractériel	gauche	bavard	cultivé

GOT IT?  ☐ ☐ ☐

Reading

Stereotypes

Exercise 3

Read the following text about stereotypes of France.

Les stéréotypes positifs portent sur la cuisine et la bonne gastronomie, les centaines de variétés de fromages, le fait que les Français soient gourmets et savent se tenir à table avec élégance. La société française est aussi considérée comme étant très équilibrée entre les hommes et les femmes, avec des Françaises très émancipées. Les Français ont par ailleurs une très bonne couverture sociale. De plus, la France est considérée comme le pays du luxe et de la haute couture : pour les étrangers, les Français ne possèdent rien de laid dans leur garde-robe. Leur pays est aussi connu pour sa capitale, Paris, et pour ses nombreux sites historiques et culturels comme ses musées. Pour finir, les Français sont perçus comme étant des personnes débrouillardes, charmantes, sophistiquées, patriotes, intellectuelles, polies, qui aiment le grandiose et qui savent apprécier la légèreté de la vie, 'en profiter'.

Cependant, il existe aussi d'autres stéréotypes, cette fois négatifs. En effet, les étrangers pensent que les Français prennent Paris pour le centre du monde, qu'ils n'ont aucun respect pour la nature et que l'entretien public en France n'existe pas. Au niveau international, la France est vue comme un pays qui n'accueille pas les étrangers, qui est incapable de parler une autre langue que le Français et qui est très faible militairement. L'image de la circulation automobile est elle aussi très négative : pour les étrangers, les Français conduisent très mal et klaxonnent beaucoup. Du point de vue de la personnalité, les Français sont perçus comme des gens individualistes, arrogants, froids, toujours mécontents, égoïstes, hautains, agressifs, fiers, stressés, impulsifs, qui se plaignent de tout et de rien, pensent avoir toujours raison et jugent les autres.

Make a list of the positive and negative stereotypes of the French mentioned in the text.

Writing

Exercise 4

Qu'est-ce qui, selon toi, est typique de la France ? Comment les autres nationalités perçoivent-elles les Ecossais ?

Ecris 120–150 mots en français pour exprimer tes idées.

Celebrating a special event

Traditions, customs and beliefs

Reading

Exercise 1

Le célèbre fil

Du premier au dix août, des milliers d'Ecossais, de Gallois et d'Irlandais se retrouvent à Lorient. Sans compter toutes les personnes venues de plus loin encore : Galice, Asturies, Cuba, Australie ... Que viennent-ils tous faire en Bretagne ? Ils vont au Festival Interceltique de Lorient (FIL) qui, depuis 1971, réunit les Celtes du monde entier en mettant leurs pays d'origine à l'honneur – cette année, c'est l'Irlande. Le FIL, ce sont dix jours de spectacles, plus de 700,000 visiteurs, celtes ou pas, et un objectif : promouvoir les cultures bretonne et celtique. Pour l'occasion, des pipebands australiens, des joueurs de gaïta latinos ou encore des chanteurs acadiens débarquent aussi à Lorient. La moitié des activités (musique, danse, rencontres littéraires, expositions, etc.) est gratuite. Les Nuits interceltiques sont animées par des orchestres de musiciens en costumes traditionnels. On peut y déguster une cotriade (plat à base de poissons et de fruits de mer) et danser jusqu'au bout de la nuit dans un immense fest-noz (fête de nuit en breton). Le succès de cette manifestation a entraîné une renaissance de la culture celte. Et, depuis 2008, en permettant aux handicapés d'être de la fête, en encourageant les spectateurs à pratiquer le covoiturage, ou en proposant un bar bio et équitable, le festival celtique s'ouvre en prime sur la planète et l'humain dans toute sa diversité.

Vrai ou faux?

1. *Lorient est une ville située en Bretagne.*
2. *Le FIL a lieu cette année en Irlande.*
3. *Le FIL a lieu cette année en juillet.*
4. *Lors de ce festival, il y a de la musique, de la danse, des fêtes, etc.*
5. *Le FIL a permis le développement de la culture celte.*

Writing

Exercise 2

Y a-t-il une fête que tu aimes particulièrement célébrer ? Que fait-on lors de cette fête ? Quelle est sa signification ?

Ecris 120–150 mots en français pour exprimer tes idées.

History

Vocabulaire

Français	Anglais
la guerre	war
la Première/Seconde Guerre mondiale	First/Second World War
la Révolution française	the French Revolution
la prise de la Bastille	the storming of the Bastille
les Trente Glorieuses	the post-war boom
un événement	an event
le roi/la reine	king/queen
le soldat	soldier
le drapeau	flag
le Moyen Age	the Middle Ages
la Renaissance	the Renaissance
se révolter	to revolt
libérer	to free/liberate
la bataille	battle
la paix	peace
la trahison	betrayal/treason
remporter	to win

Reading

Exercise 1

Read the text about the French national holiday and then answer the questions that follow.

Faut-il fêter le 14 Juillet ?

Oh oui, et surtout le 13 juillet ! Généralement, on fait une grande fête avec les copains car le lendemain est un jour férié. En plus, cette année, on peut profiter d'un week-end prolongé. Tous les ans, je vais au bal le soir du 14 Juillet, puis je regarde le feu d'artifice avec toute ma famille. C'est très sympa. Mais au niveau symbolique, je trouve que le 8 mai, par exemple, a plus de sens car il y a des cérémonies, des programmes spéciaux à la télévision, c'est plus intéressant pour la conscience collective.

Aurélien, 25 ans, paysagiste

Je n'aime pas l'expression « fierté nationale » car ça a une connotation négative. Mais si les gens délaissent le 14 Juillet, l'extrême droite risque de récupérer cette journée. Ça reste un symbole d'unité nationale pour les gens. Mon rêve serait que la gauche, la droite et le centre célèbrent cette fête ensemble. D'habitude, ce jour-là, je travaille dans la journée, puis le soir, je vais admirer le feu d'artifice avec ma famille. Je trouve que c'est une belle célébration au coeur de l'été.

André, 52 ans, viticulteur

Continues over page

Le 14 Juillet, c'est la France. Sans ça, le pays ne serait pas ce qu'il est aujourd'hui : une démocratie. Je me souviens des défilés après la guerre, c'était incroyable, tout le village chantait «bleu, blanc, rouge». Nous avons tellement souffert pendant la guerre et nous avons perdu beaucoup d'hommes et de garçons sur le front. La fête nationale avait donc vraiment de l'importance dans les années 50. C'est quelque chose qui ne doit pas se perdre, ça serait très triste.

Marie-Louise, 82 ans, retraitée

<u>En tant que Français, ce n'est pas quelque chose qui me remue les tripes car c'est loin. La chute du Mur de Berlin résonne beaucoup plus en moi parce que c'est un des moments de l'histoire les plus incroyables de mon époque. Je ne me rends à aucune commémoration, mais je trouve qu'il faut continuer à parler de notre histoire, se demander ce qu'elle représente. Les traditions ne sont plus aussi fortes qu'avant, c'est vrai, mais il faut garder des références communes et ne pas oublier les conséquences ne pas oublier les conséquences du passé.</u>

Jean-Pierre, 58 ans, dentiste

Ça fait plus de 200 ans qu'on fête la fin de la royauté et des privilèges, mais j'ai l'impression qu'en France, l'écart se creuse de plus en plus entre l'élite et les couches populaires. Le 14 Juillet est un événement qui a beaucoup perdu de sa force, c'est devenu du folklore. Je trouve que commémorer quelque chose pour le principe sonne assez faux. Il faudrait que les gens s'intéressent plus à l'histoire de leur pays, pour en être fiers, et pas juste pour profiter des jours fériés.

Jean-Marc, 54 ans, technicien automobile

Questions

1. Who agrees and who disagrees that the 14th July should still be celebrated?
2. Find the French for the following:
   a. a huge party
   b. bank holiday
   c. fireworks
   d. national pride
   e. the extreme right
   f. a democracy
   g. parade
   h. royalty
3. Translate the underlined section into English.

Literature of another country

Analysis and evaluation

Vocabulaire

Français	Anglais
lire	to read
la lecture	reading
le texte	text
le poème	poem
le livre	book
le roman	novel
l'auteur	author
l'écrivain	writer
pour étudier	to study
pour le plaisir	for pleasure
pour la découverte	to discover
pour élargir sa culture	to broaden one's culture
pour découvrir de nouvelles cultures	to discover new cultures
pour élargir ses connaissances	to expand one's knowledge
pour s'évader	to escape
on lit de moins en moins	we are reading less and less
c'est bien dommage	it's a real shame
avoir du mal à lire	to find it difficult to read
c'est souvent imposé par les enseignants	teachers often make us do it
il s'agit de	it's about …
le personnage	character
le thème	topic
l'intrigue	plot

Reading

Exercise 1

Read the following poem.

Demain dès l'aube

Demain, dès l'aube, à l'heure où blanchit la campagne,
Je partirai. Vois-tu, je sais que tu m'attends.
J'irai par la forêt, j'irai par la montagne.
Je ne puis demeurer loin de toi plus longtemps.

Je marcherai les yeux fixés sur mes pensées,
Sans rien voir au dehors, sans entendre aucun bruit,
Seul, inconnu, le dos courbé, les mains croisées,
Triste, et le jour pour moi sera comme la nuit.

Continues over page ➔

> Je ne regarderai ni l'or du soir qui tombe,
> Ni les voiles au loin descendant vers Harfleur,
> Et quand j'arriverai, je mettrai sur ta tombe
> Un bouquet de houx vert et de bruyère en fleur.
>
> *Victor Hugo*

Complete the text with the missing words from the list below.

Victor Marie Hugo, né le 26 février 1802 à 1._____ et 2._____ le 22 mai 1885 à Paris, est un poète, écrivain et 3._____ français du XIXᵉ siècle. Il est considéré comme l'un des plus grands écrivains 4._____ de langue française du XIXᵉ. Ses 5._____ sont très diverses : romans, poésie, pièces de théâtre... Ses romans les plus célèbres sont Les Misérables et Notre-Dame de Paris.

Il est également connu pour être un écrivain très engagé (contre la peine de mort par exemple) et pour avoir tenu de grands 6._____ politiques. En 1848, il devient député de Paris. En 7._____ 1851, il s'oppose à la dictature de Napoléon III et doit vivre en 8._____ dans les îles Anglo-Normandes jusqu'à la fin du Second Empire en septembre 1870.

Il meurt à l'âge de 83 ans le 31 mai 1885. Sa dépouille est transférée au Panthéon (Paris) et on honore sa mort par des 9._____ nationales.

a. décembre
b. homme politique
c. obsèques
d. romantiques
e. discours

f. oeuvres
g. mort
h. exil
i. Besançon

Writing

Exercise 2

Quel est ton livre préféré ? Quel est le personnage principal ? Est-ce que tu aimes la lecture ?
Ecris 120–150 mots en français pour exprimer tes idées.

Film and media

Studying the media of another country

Listening

Read and listen to the following text.

Réserver une place de cinéma

L'employée (au téléphone) : *Palais du cinéma, bonjour. Que puis-je faire pour vous ?*

Olivier : *Bonjour Madame, je voudrais savoir à quelle heure passe le film L'Océan bleu.*

L'employée : *Nous avons une séance à 17h30 et une autre à 19h15.*

Olivier : *Alors j'aimerais réserver quatre places pour la séance de 17h30 pour deux adultes et deux enfants.*

L'employée : *Désolée, mais je n'ai plus que trois places, et en plus, elles ne sont pas les unes à côté des autres...*

Olivier : *Et pour la séance de 19h15, vous auriez encore des places libres ?*

L'employée : *Oui, je peux vous proposer quatre places au milieu du douzième rang. Ça vous irait ?*

Olivier : *Oui, très bien. Combien coûtent les places ?*

L'employée : *8,80 euros pour les adultes et 6 euros pour les enfants, plus un supplément de 2 euros par personne car c'est un film d'animation en 3D. Mais nous avons aussi une offre familiale à 35 euros pour quatre avec quatre boissons et quatre cornets de pop-corn.*

Olivier : *Super, je prends ça.*

L'employée : *Vous avez les places 22, 23, 24 et 25. Votre numéro de réservation est le 456. Vous devrez venir chercher vos tickets une demi-heure avant le début de la séance.*

Olivier : *Merci, et à plus tard.*

Complete the sentences with the missing words in the box below.

1. *Il n'y a plus de place pour la _____ de 17h30.*
2. *Les _____ coûtent 8,80 euros pour les adultes.*
3. *Pour les films en 3D, on doit payer un _____ de deux euros.*
4. *Les _____ sont comprises dans l'offre familiale.*
5. *Olivier réserve quatre places au douzième _____.*

rang	*places*	*supplément*	*séance*	*boissons*

Vocabulaire

Match up the French and English terms.

1. *les sous-titres*   a. script
2. *l'acteur*   b. subtitles
3. *les personnages*   c. actor
4. *le réalisateur*   d. star
5. *la star*   e. TV programme
6. *la mise en scène*   f. director
7. *le scénario*   g. direction
8. *se dérouler*   h. characters
9. *l'émission*   i. to be set

Writing

Est-ce que tu regardes souvent la télé ? As-tu déjà vu un film en français ? De quoi s'agissait-il ?

Ecris 120–150 mots en français pour exprimer tes idées.

Tips for success at CfE Higher French

First and foremost, it is important that you don't panic! Keep calm and remember that you are demonstrating what you know to the examiner.

Remember to plan in advance – create a study timetable once you know when your exams will be and plan your revision. An important point to remember is to **learn vocabulary little and often**. Make flash cards, or there are apps – such as *Quizlet* and *Flashcards+ online* – for your smartphone, to help you!

Preparing for Talking

This is the performance element of the CfE Higher assessment. Your teacher will assess you in class and it will be recorded for the SQA. This element will allow you to demonstrate your ability to communicate orally, and it is a vital part of your French learning experience. It is especially important that you prepare for the talking element of the exam as it is worth the greatest amount of marks.

Part 1: Presentation

This part of the talking assessment can be prepared in advance, should last between 1½ and 2 minutes, and should contain complex and detailed language on a topic of your choice. You should choose a topic from one of the four contexts (society, learning, employability and culture) that you have studied at CfE Higher French.

Tips for the presentation:

- Ensure that you have an introduction.
- Use a variety of tenses – demonstrate what you can do.
- Include complicated opinions and conjunctions.
- Use modifiers (*très, assez, toujours* etc.).
- Link your ideas.
- Order your ideas.
- Use idiomatic language.
- Practise saying your presentation to your family.

Sample presentation

Je voudrais parler de la façon dont se déroulent mes vacances.

Je pense que les vacances sont importantes parce que c'est l'occasion de passer plus de temps avec ma famille et de me détendre après une année scolaire difficile.

Généralement, je pars quinze jours en famille et nous allons toujours dans un pays chaud, comme l'Espagne par exemple. Quelquefois, mes amis et moi restons bronzer sur la plage, tandis que mes parents aiment participer à des activités culturelles. Je les trouve ennuyeuses.

*L'année dernière, nous sommes allés en Grèce pour la première fois. Nous avons voyagé en avion et le voyage a duré trois heures, c'était vraiment rapide. On a vu des ruines antiques, c'était intéressant pour voir un peu d'histoire. **A vrai dire**, je préfère l'Espagne car **je m'y suis habituée**.*

*L'année prochaine, j'aimerais aller en France pour pratiquer ce que j'ai appris au lycée. Je voudrais visiter Paris car **j'ai déjà tellement entendu parler de** cette ville. J'aime rencontrer des gens venus d'autres pays et j'aimerais aussi voyager à travers le monde et puisque j'apprends des langues étrangères. **J'ai déjà trop hâte d'y être.***

***Pour conclure**, j'aime les vacances parce que j'adore aller à l'étranger et rencontrer de nouvelles personnes.*

Exercise 1

1. Translate the bold phrases into English.
2. Write your own text about holidays, using the structure given.

TOP TIP!

Ask your French teacher to read aloud your talking presentation and record them on your phone/iPod/CD.

Part 2: Conversation

This part of the talking assessment is spontaneous and should continue to use complex and detailed language. The conversation will follow on from the presentation and sample the other contexts. You will have covered the topics over the course of the year and should be able to do this.

Tips for the conversation:

- Use vocabulary you have covered over the course of the year.
- Prepare a bank of sample questions.
- Prepare sample answers to these questions while working through the coursework.
- Ask your teacher a question using the *vous* form.
- Use a variety of tenses – demonstrate what you can do.
- Include complicated opinions and conjunctions.
- Use modifiers (*très*, *assez*, *toujours* etc.).
- Link your ideas.
- Order your ideas.
- Use idiomatic language.
- Use conversational gambits to make your conversation sound more natural.

Sample conversation

Tes vacances ont l'air intéressantes ! Dis-moi, est-ce que tu préfères partir en vacances avec ta famille ou avec tes amis ?

Ça dépend ! Je préfère partir en vacances avec ma famille parce que même si j'adore passer du temps seul(e), je trouve que jouer à des jeux avec ma famille est très agréable, mais, d'autre part, c'est vraiment ennuyeux quelquefois. J'aimerais partir en vacances avec mes amis, mais je crois je suis trop jeune pour cela. Et vous, Monsieur, vous êtes parti en vacances avec votre famille ?

Moi, je suis allé en France avec mes enfants pendant une semaine. C'était formidable. Une autre question : selon toi, quels sont les avantages de partir en vacances avec ses parents ?

Euh … je pense que l'avantage principal de partir en vacances avec ses parents est que si l'on a besoin d'argent, on leur en demande, tout simplement. Et puis je me sens plus en sécurité quand mes parents sont là, surtout s'il y a un problème.

Et tu t'entends bien avec eux ?

Ben oui ! A mon avis, je m'entends bien avec ma famille parce que ma mère et mon père s'occupent toujours de moi ; en plus, mon petit frère est très amusant et on se comprend bien. C'est vrai que de temps en temps, il y a des disputes, mais dans une famille, c'est normal !

Que fais-tu pour aider à la maison ?

C'est une question difficile. J'aide rarement à la maison, mais si je décide de le faire, c'est pour sortir les poubelles ou laver la voiture. Comme j'habite une ferme, j'ai beaucoup de travail à l'extérieur, comme m'occuper des animaux ou aider mon père aux champs.

Tu as parlé d'une année scolaire exigeante. Quelles matières étudies-tu cette année ?

J'ai beaucoup de matières cette année, à des niveaux différents. Mes matières pour le bac sont très difficiles : il y a le français, les maths et l'anglais. Je fais aussi de la physique et de la gestion à un niveau moins élevé. J'adore mes matières principales, mais de temps en temps c'est exigeant.

Qu'est-ce que tu voudrais faire l'année prochaine ?

Je vais passer mes examens et continuer mes études ici au lycée. Après, j'ai l'intention d'aller à l'université pour étudier les maths ou une autre matière scientifique. Ensuite, je ne suis pas sûr, peut-être que je vais retourner à la ferme pour aider mon père.

Tu aimes la région où tu habites ?

J'adore la région où j'habite car c'est très tranquille et il n'y a pas beaucoup de bruit, c'est le paradis pour moi. Si je pouvais, je déménagerais sur une île isolée pour pouvoir profiter de la solitude.

Quels sont les avantages d'habiter à la campagne ?

Il y a beaucoup d'avantages d'habiter à la campagne, par exemple, l'air est frais et il y a toujours quelque chose à faire, on ne s'ennuie jamais parce qu'on n'est pas limité. On peut mener une vie plus saine ici.

Merci.

Exercise 2

Write possible answers to the questions above. Use the list on page 130 to make sure you cover all the tips.

Preparing for Reading and Translation

Before you read the text
- Read the introduction at the beginning of the text so you know what the text is about.
- Read the title if there is one – what do you know about the topic so far?
- Read the questions to help you anticipate what may come up in the text.
- Check to see if there is a glossary – there is no point looking up words that are given to you.

While reading the text
- Quickly skim the text to get a feel for the structure.
- Focus – don't just stare at the words.
- Use your knowledge about language to work out the meanings of words by:
  - remembering that some words have many meanings – does it fit in the context?
  - recognising if the word is a cognate or a near cognate (words that are similar in French and English);
  - using the dictionary with care!

After you have read the text
- Read the comprehension questions carefully.
- Underline the question word and circle the number of marks to highlight what information and how many points the examiner is looking for.
- Make sure that you give as much detail as possible – again look at the number of marks. At CfE Higher, the examiner is looking for detailed answers so check before and after your answer in the text to see if you have missed anything.
- Do not give alternatives – commit to your answer.
- Remember that the translation will not contain an answer to the comprehension questions – skim over it to save time.

When working on the translation section
- Only attempt the translation after having read the text.
- Ensure that you accurately translate the words – watch out for reflexive verbs!
- Know what tense your verbs are in.
- Make sure you convey the meaning in good English.
- Do not miss out any words.

After you have answered the questions
- Check your answers – read the question first and then your response – does it answer the question?
- Make sure that your answers in English make sense and your English is of a good standard.

Preparing for Directed Writing

In this part of the exam, you will be given a choice of two scenarios.

Before you sit your Directed Writing exam
- Make sure you are familiar with the *passé composé* and *imparfait* tenses.
- Practise writing different types of scenarios.
- Prepare a bank of phrases which you can use to impress the examiner.

- Read through your chosen scenario carefully.
- Plan and structure your essay – leave enough time to check it.

During the Directed Writing exam

- Write legibly so that the examiner can read what you've written.
- Set the scene – give an introduction of where you went and how you got there (even if it's not a bullet point in the scenario!).
- Tick off the bullet points in the scenario as you complete them.
- Ensure you convey the scenario accurately.
- Restrict your use of the dictionary to looking up key words required to convey the message in the scenario and to check spelling and genders of what you have already written.
- Avoid translating from English to French – you will end up using English grammar.
- Remember that you are encouraged to give any other details – so feel free to add any of the phrases you have prepared.
- Time yourself – try to restrict the time spent writing to 40 minutes.

After you have finished writing

- Check you have covered all the bullet points. (Some bullet points have more than one part!)
- Go back through your writing and check your grammar and spelling:
  - Does your *passé composé* construction have a subject, auxiliary verb and a past participle? e.g. j'ai vu, je suis allé(e).
  - Have you used the correct form *être/avoir* with your *passé composé* construction?
  - Remember that past participles must agree when verbs use *être* as a helper verb – MRS VANDERTRAMP and reflexive verbs.
  - Ensure you put **é** on –er past participles;
  - Accents – check in the dictionary.
  - Check the genders of nouns.
  - Agreements – verbs and adjectives.
- Check that your writing makes sense!

Sample essay

SCENARIO 1: Society

You went on a skiing holiday in the French Alps.

On your return, your teacher asks you to write **in French** about your experience.

You must include the following information and you should try to add other relevant details:
- how you got there and what the accommodation was like
- what you did every day
- what you enjoyed the most/least about your holiday
- whether you would recommend skiing in the Alps

You should write approximately 120–150 words.

L'année dernière pendant les vacances de Noël, je suis allé dans les Alpes faire du ski avec mes amis. C'était l'occasion idéale pour me détendre après un trimestre exigeant au lycée. Nous avons pris un vol direct de Glasgow à Grenoble, et ensuite, on a eu une correspondance en bus pour rejoindre la station de ski. Le voyage a duré environ 5 heures, ce qui n'était pas mal. Pendant le vol, je me suis endormi en écoutant de la musique sur mon iPod.

Quand nous sommes arrivés à la station de ski, on a laissé nos affaires dans notre chalet pour aller explorer la région. Le chalet était très spacieux et j'y ai partagé une chambre avec mon meilleur ami.

Tous les matins, je prenais des cours de ski. Le moniteur de ski m'a beaucoup encouragé et m'a aidé à avoir confiance en moi car j'étais débutant. L'après-midi, je descendais la piste à ski. C'était génial.

Ce que j'ai le plus aimé, c'était de passer du temps avec mes amis et le fait d'avoir eu l'occasion de pratiquer mon français. En revanche, les prix étaient exorbitants au restaurant et au bar et j'ai dépensé plein d'argent.

Je dirais que j'ai beaucoup profité de mon séjour en France au niveau linguistique et personnel. Maintenant, je me sens un peu moins stressé. Je recommanderais un tel séjour à tout le monde.

Exercise 1

Write a response to each of the following scenarios.

SCENARIO 1: Society

You went on holiday with your family to Switzerland.

On your return, your teacher asks you to write in French about your experience.

You must include the following information and **you should try to add** other relevant details:
- where you went and who you went with
- how you got on together
- what you did during your stay
- whether you would recommend going on a family holiday.

You should write approximately 120–150 words.

SCENARIO 2: Employability

Last year, you spent the summer working in a restaurant in France to gain some work experience.

On your return, your teacher asks you to write in French about the experience.

You must include the following information and **you should try to add** other relevant details:
- where exactly the hotel was and what the accommodation was like
- what your duties were
- how you got on with your colleagues
- whether you would recommend working abroad to others

You should write approximately 120–150 words.

SCENARIO 3: Learning

In February, you took part in a school exchange to Nice in the south of France.

On your return, you write an article in French for the Modern Languages section of your school's/college's website.

You must include the following information and **you should try to add** other relevant details:
- how you travelled and what the school was like
- what you did during the school day
- what you did in your free time
- how you plan to stay in contact with your exchange partner in the future

You should write approximately 120–150 words.

SCENARIO 4: Culture

Last May you travelled to Cannes with a group of friends to attend the film festival.

On your return, your teacher asks you to write in French about your experience.

You must include the following information and **you should try to add** other relevant details:
- how you travelled and what the journey was like
- what you did during your stay
- what you liked/disliked most about the experience
- whether you would return to France

You should write approximately 120–150 words.

TOP TIP!

Remember to include an introduction and a conclusion. You should aim to write about 30 words per bullet point.

Preparing for listening

It is important that you regularly learn your vocabulary so that you are able to recognise words and phrases. Develop a system to help you do this: make flashcards, use vocabulary apps on your smartphone or online, use internet sites such as *Youtube* to listen to contemporary French, or even ask a family member to test you.

Before you sit your Listening exam

- Revise vocabulary, especially verbs in different tense forms, quantifiers (**autant, trop de**, **la plupart de**), numbers and dates. Read vocabulary out loud so that you can recognise how it sounds.
- Read the introduction and think about what you know about the topic.
- Remember to listen for cognates and near-cognates.
- Remember that practise makes perfect.
- Read the questions in English carefully – you are given time to study them before the text starts – underline question words and anticipate what type of answers you are listening for.
- Remember that the questions come in the same order as the text.

While you are sitting your Listening exam

- You will hear both items (monologue and dialogue) twice so you don't need to get all the detail on the first go.
- Make sure the examiner can see your final answer.
- If you don't understand a word you need then use the context to help work it out or find a logical answer.
- Look at how many marks are allocated to the question – this will guide how much you need to write.
- Try and give as much detail as possible.

After your Listening exam

- Look over your answers – make sure what you've written in English makes sense.
- Use a single line to strike through notes or draft answers.

Preparing for the short essay

Before you sit your Writing exam

- Practise writing short essays after each topic.
- Prepare a bank of phrases which will impress the examiner.
- Read through the whole question carefully.
- Plan and structure your essay and leave enough time to check it.

During the Writing exam

- Write legibly so that the examiner can read what you've written.
- Write an introduction – have an interesting opening sentence.
- Manipulate the questions and use them to begin your paragraphs.
- Tick off the questions as you complete them.
- Use essay phrases and connectors to make your writing more interesting.
- Ensure you convey the scenario accurately.

- Restrict your use of the dictionary to looking up key words and to checking spelling and genders of what you have already written.
- Avoid translating from English to French – you will end up using English grammar.
- Pace yourself – you only have 40 minutes.

After you have finished writing
- Check you have answered all the questions.
- Go back through and check your grammar and spelling including:
  - verb endings
  - genders of nouns
  - agreements – verbs and adjectives
  - apostrophes – je ai → j'ai.
- Check that your writing makes sense!

PLANNING SHEET

TOPIC: _____

	NOTES	LINKING WORDS
INTRO		
MAIN BODY	Q1	
	Q2	
	Q3	
CONCLUSION		

A copy of this short essay planning sheet can be downloaded, free, from the Leckie and Leckie website. Go to http://www.leckieandleckie.co.uk/higherfrench